JN083399

秋山翔吾の
バッティングバイブル
SHOGO AKIYAMA

はじめに

僕は2011年に埼玉西武ライオンズでプロ野球人生をスタートさせ、メジャーリーグ挑戦や日本球界復帰を経て、現在は広島東洋カープで現役生活14年目を迎えています。気付けばベテランと言われる年齢になり、チームのことや若手選手のことを考える立場にもなってきました。ただ、その一方で、自分が試合に出ないことに対する危機感は常に持っています。たとえ１打席でも１イニングの守備でも他の選手が台頭するということは、周りに「このチームは秋山がいなくても大丈夫じゃないか」と思わせることにつながってしまう。だからこそ“全試合フルイニング出場”にはずっとこだわってきましたし、出場機会が減ったとしても自分の体を整え、与えられた場面で常に結果を出すことを目指してきました。そして、その想いがあるから「努力しよう」「向上しよう」と思えるのです。

この本ではそうやって１年ずつ僕が取り組んできた経験をもとに、23年シーズン終了時点でのバッティングの技術や思考を紹介しています。もちろん個人的な考え方であって、一般的に見れば僕はわりと偏っているタイプだとも思うので、誰にでも当てはまるものではないでしょう。ただ、「こういう人間もいるんだな」と理解してもらえればありがたいですし、大勢の集団の中で存在価値をアピールするのであればやはり、自分の長所や特性をしっかりと理解した上で「他の人がやっていないことに目を向ける」ということが大事だと思います。そのためには、どういう着眼点を持って物事に取り組むかという部分が重要なので、「おっ、ここは自分と考え方が似ているな」とか「こういう発想もあるのか」と。そういう感覚で読んでもらえれば嬉しいですね。

秋山翔吾

秋山翔吾の
バッティングバイブル

CONTENTS

はじめに　002

目次　004

CHAPTER.1
バッティングの考え方　008

正解がない中で“自分が打ちやすい形”を見つけ
スイングの間合いを把握してタイミングを合わせる　010

投手が脚を上げるタイミングで自分も動き出し
相手のステップに合わせて打ちに行けるように準備　013

脚を上げることでゆっくり大きく動きながらスイング
手が止まらないように時間を作って加速をスムーズに　016

技術の追求に時間をかけて常にバッティングを更新
良い部分だけでなく失敗にもしっかりと目を向ける　019

打席ではいかに投手に対してフォーカスできるか
「考えない」ではなく「頭の中を整理する」が大事　026

バッティングの大前提は速いボールに負けないスイング力
判断力・決断力・集中力などをもたらす基礎体力も必須　029

変化球を打つポイントは目付けと軌道のイメージ
狙い球かどうかは発射された直後に判断できる　033

CHAPTER.2
心身の変化と対応 038

アメリカでの経験が自分のスイングに大きく影響
常に変化していくバッティングの傾向に対応する 040

自身の特長を踏まえてヒッティングポイントを変更
逆方向へ打つために「前で打つ」から「後ろで打つ」へ 045

クロスステップを受け入れた上でバットの出方を重視
バッティングフォームを大きく変えた2023年 049

一年を通して大きな学びを得た指揮官のコーチング
大切なのは本人が試行錯誤しやすい言葉の伝え方 055

チームメイトの存在によって成長できた西武時代の経験
技術を参考にしやすいのは同じ左打者よりも右打者 059

“外向けの三日月”をイメージしてバットを内側から出す
インサイドアウトの徹底で2015年からヒット数が激増 063

CHAPTER.3
スイング動作の理論と実践❶
【準備とタイミング】 068

<打席での立ち位置>
捕手側のラインと本塁側のラインからそれぞれ1足分離れる 070

<全体の構え>
脚と踏み込み脚のバランスは「9:1」からほぼ「5:5」へ 077

<バットの握り方と位置>
右手は手のひら寄りでしっかり握る 左手は指先寄りで緩めて握る 082

<テークバックとタイミングの取り方>
「引く→行く」のリズムで投手のお尻が落ちるタイミングに合わせる 089

CHAPTER.4
スイング動作の理論と実践❷

【上半身と下半身の動き】 096

<バットの振り出しとインパクト>
体の右側の「90度のライン」でとらえ、楕円形のスイングで押し込む 098

<体の軸と回転>
スイング動作における体の軸はお尻から頭までのライン 107

<下半身のステップと体重移動(後ろ脚)>
投手方向に左ヒザを向け、左のカカトを上げて一気に回す 114

<下半身のステップと体重移動(前脚)>
右のカカトで強く踏み、右ヒザの内側で体を受け止める 118

CHAPTER.5
打席に臨む準備と思考 126

操作性などにこだわってバットのグリップ形状を一貫
軽量化という時代の波にもあえて乗らずに我慢する 128

映像やメモを使って試合前にイメージを擦り合わせ
投手の持ち球の軌道を思い描いて打席に入る 133

ボールが来る角度に対して真っすぐ打ちに行くのが基本
アンダースロー対策は「いかにフライアウトを増やすか」 135

すべての球を打ちに行く中でボール球を見極める
重要なのは自分が打てる球をしっかりと選ぶ“選球” 138

プロであればとにかく「1日1本打つこと」を目標に
アマチュアの場合はいかに失敗を納得できるかが大事 143

CHAPTER.6
技術を高める練習 148

理想のスイングをするために重要なことは
「強く振る」と「しっかり操作する」のバランス 150

さまざまな種類の練習を引き出しとして常に備え
バットコントロールを磨いて対応力の幅を広げる 152

バッティングの技術練習❶「片手打ち（置きティー）」156
バッティングの技術練習❷「ウォーキング（置きティー／トス）」157
バッティングの技術練習❸「連続ティー」159
バッティングの技術練習❹「拾い」160
バッティングの技術練習❺「縦打ち」161
バッティングの技術練習❻「クローズ」162
バッティングの技術練習❼「オープン」163
バッティングの技術練習❽「通常ティー」164

成績＆タイトル 166
著者プロフィール 168

協力／広島東洋カープ
装丁・本文デザイン／浅原拓也
イラスト／横山英史
写真／湯浅芳昭、BBM
構成／中里浩章

AKIYAMA
9

CHAPTER. 1
バッティングの考え方

「スイングの間合いを把握した上で、
いかに投手にタイミングを合わせるか。
時間の余裕をしっかりと確保して
ゆっくり大きく動き続けながら打つ」

正解がない中で“自分が打ちやすい形”を見つけ
スイングの間合いを把握してタイミングを合わせる

バッティングを語る上で、大前提として僕がまずお伝えしておきたいのは、「これが正解だと言える形（フォーム）はない」ということです。

もちろん理論的なことまで細かく言えば、「こうすれば打ちやすい」とか「こういう打ち方なら確率が上がる」というものは存在します。ただ、いくら理に適っていたとしても、そもそも体の使い方や感覚は人それぞれ違うわけですから、１つの打ち方が全員に当てはまるとは限りません。まして打者の場合は投手と違い、基本的には受け身の立場で、相手が投げてきたボールへの“対応”が求められます。そのためにいろいろな構え方があるし、いろいろなタイミングの取り方があるし、いろいろなボールのとらえ方がある。「この打ち方だから打てる／打てない」という答えがないからこそ、バッティングはすごく難しいのです。

実際にも、打者というのは「３割打てば好打者」と言われているように、失敗のほうが多いものです。相手との力量差が大きければ４～５割ほど打てる可能性もありますが、それでもピッチングや守備、走塁などに比べると数字は明らかに低い。バッティングは、野球のプレーの中で最も確率が悪いものだと言えるでしょう。

だからこそ、僕は日々の練習がものすごく大切だと思っています。“正しい形”がないという前提はありながらも、普段から自分と向き合って技術を追求し、いかに“自分が打ちやすい形”を継続できるか。もちろん体調も天候も対戦する投手も毎日変わっていくわけ

で、外的要因によってバッティングが変化してしまうことは非常に多いです。ただ、そんな中でも「ここは変えちゃいけない」「この部分は継続していきたい」といった自分なりのポイントをしっかりと確認していくこと。"自分が打ちやすい形"を見つけていくためにはその作業が欠かせないですし、それが毎日練習をやっている意味だとも思います。

そして、実戦において絶対に抜け落ちてはいけない要素は「投手にタイミングを合わせること」です。たとえスイングの形やスピードが完璧だったとしても、そもそもタイミングがまったく合っていなかったらボールに当たらないので、良い結果は出ません。プロ野球の場合、試合に備えて相手の先発投手やベンチ入りしているリリーフ投手の映像を観ることができるので、僕は事前にひと通り確認して各投手にタイミングを合わせるようにしています。

ただし、その一方で、投手の間合いによってスイング自体が毎回コロコロと変わってしまったら、今度は強く打ち返すことができません。したがって、自分のスイングの間合い――始動してから何秒でスイングが完結するか、さらに何秒でヒッティングポイントまで持って来られるのかもしっかり把握しておくことが大事になります。もう少し具体的に言うと、足を上げ始めてからインパクトへ持ってくるまでの時間や、そこを通過してフォロースルーを取るまでの時間が体感でどれくらいかかっているのか。常にその時間感覚を持った上で投手のタイミングや投げてくるボールの軌道をイメージし、そして自分がインパクトを迎える瞬間をイメージしながら"動き出し"を合わせていく。シーズン中に一番やらなければならないのはこの部分だと思っています。

体の動きというのは疲労とともに少しずつ小さくなりやすいもので、特にプロ野球の場合は毎日試合が続くため、だんだんスイングの“間”が取れなくなることもあります。振り返れば西武時代、チームの中では「間がない選手は“間抜け”だ」などとよく言われていました。極端な例になりますが、自分のスイング動作が本来は10秒かかるとして、動きが小さくなってだんだん“間”が取れなくなり、５秒でスイングを完結させようとしていたら、それは５秒分の要素が抜け落ちているということ。たとえば自分に必要な動作を省いてしまったり、あるいは投手との間合いの勝負で差し込まれてしまったり……。そういうことがよく起こるので、自分のスイングの間合い、特に足を上げてからインパクトまでどれくらいかかるのかという部分は、常に確認しておく必要があるわけです。

足を上げ始めてからインパクトへ持ってくるまでの時間を把握し、あとは投手のフォームを見て「動き出し」を調節。そうすれば、自分のスイングも崩さずにタイミングを合わせやすくなる

投手が脚を上げるタイミングで自分も動き出し
相手のステップに合わせて打ちに行けるように準備

試合で結果を残すための準備としては、先ほども言った通り、まずは自分の間合いをしっかり持っておくことが大切です。そして、その動きのリズムの中に投手のタイミングを上手く取り込み、自分のタイミングで打つことができれば理想的。もちろん投げ方は人それぞれ違うため、投手によって始動のタイミングは変えています。

スイングの始動を合わせるポイントというのは一概には言えないのですが、僕は右脚（踏み込み脚）を上げて打つタイプで、感覚的な部分で言うと「投手が脚を上げたタイミングで自分も脚を上げる」というのが理想ではあります。好調時はむしろ「早すぎるんじゃないか」と思うくらい、やや先行して脚を上げることができていて、あとは相手の動き出しを見ながら動き出せば良いだけの状態になっている。そして、投手のお尻が落ちてくるタイミングで自分も一緒にお尻を落としていきながら打ちに行き、お互いの体の動きがシンクロしていく。そんなイメージがありますね。

ただし、早めに右脚を上げることにはリスクもあり、左脚（軸脚）１本で立つ時間が長くなるわけですから当然、疲労などによってバランスが上手く取れないケースも出てきます。また普段から相手投手がボールを持ち続け、こちらの体勢の崩れ待ちを狙ってくる可能性も十分に考えられます。その結果、体が前後に少し倒れた状態でスイングすることになったり、あるいは打ちに行くときに投手方向へ大きく体を出されたりして、バッティングを崩されてしまいます。とは言え、それを怖がってギリギリまで脚を上げるタイミングを後ろに寄せ過ぎると、今度は慌てて打つことにもなってしまうので、相手が脚を上げたときに自分もスッと脚を上げてしっかり待てるかどうか。やはりポイントはその部分だと思います。

なお、僕は2020年から22年シーズン途中までアメリカに渡っていたのですが、1年目の前半1か月（20年シーズンはコロナ禍により2か月間で全60試合の開催）はタイミングの取り方に苦労しました。実際にメジャーリーグの投手と対戦してみると、従来の「レッグキック」（足を高く上げてステップする動き）では間に合わなかったのです。そこで構えのスタンスを広げ、あらかじめ両脚を開いて待っているところからいったんすり足気味に引き、そこから右脚を上げるという打ち方に変更しました。

その意図としてはまず、右脚を上げる動きを小さくしてブレを減らしたいということが1つ。さらにもう1つ、所属していたシンシナティ・レッズのコーチからのアドバイスも大きくて、「相手の脚が上がったときに右脚を引く。相手のお尻が下がったときに右脚を上げる。そうやって合わせればタイミングは一貫しやすい」と。これが上手くハマり、後半1か月はそれなりの数字（最終月の9月は打率.317、出塁率.459）を残すことができました。もちろん本来の自分のリズムとは違うため、気持ちよくスイングできることは減ったのですが、当時はそもそも「今までの自分を出すだけではまったく勝負にならない」という状況。だからこそ大きな変化も厭（いと）わなかったですし、まずは「自分のスイングをする」よりも「投手にタイミングを合わせる」というほうを重視して取り組みました。どうしても上手くいかないときなどは、こういうタイミングの合わせ方も引き出しの1つとして考えています。

投手にタイミングを合わせるポイント

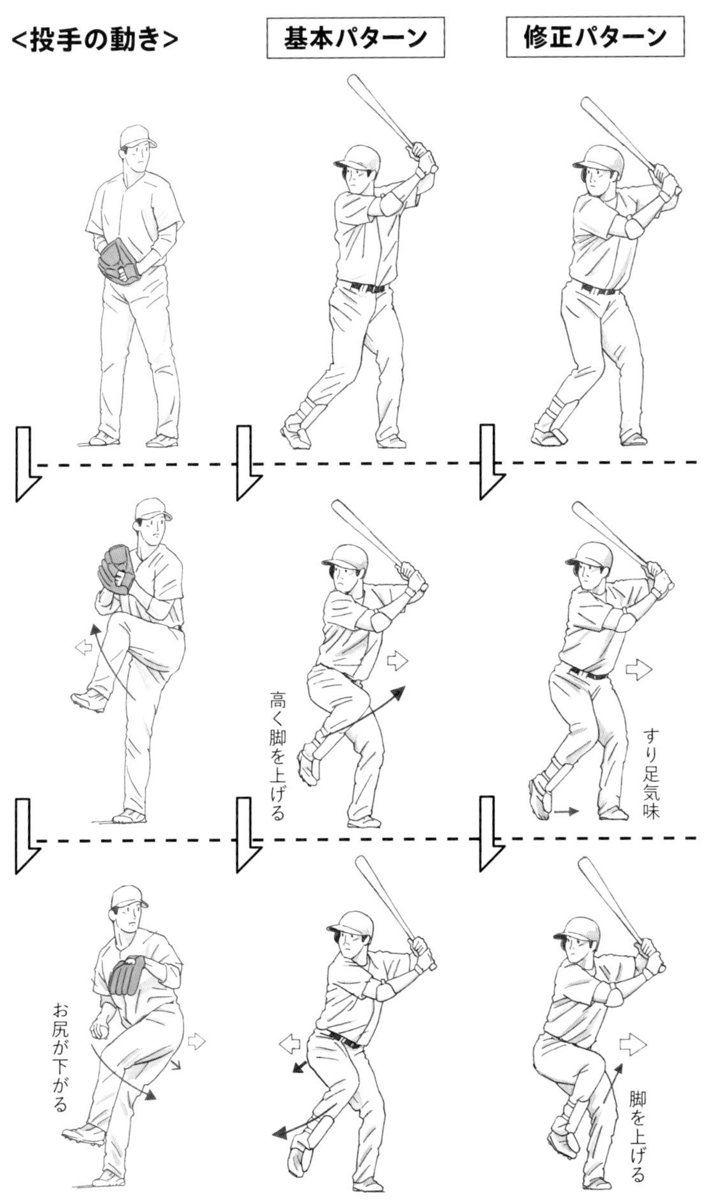

脚を上げることでゆっくり大きく動きながらスイング
手が止まらないように時間を作って加速をスムーズに

バッティングには正解がなく、どんな打ち方にもメリットとデメリットがあるものです。

近年は投球動作をすべてクイックモーションにしたり、あるいは“走者なしクイック”を要所で挟んだりと、短い間合いで投げる投手が増えてきたように思います。そんな中で僕のようにレッグキックをするタイプの打者が気を付けなければならないのは、脚を上げるタイミングです。

本来は右脚を上げているところでしっかりと“間”を作りながらボールを狙っていくのですが、相手がクイックの場合はその時間が短くなるので、当然ながら差し込まれるリスクが高くなります。それでもタイミングが合っていれば良いのですが、結果が出なくなってくるとだんだん「間合いの勝負でやられないように」という意識が働き、相手に合わせようとして動きがだんだん少なく、かつ小さくなっていきやすい。そしてスイングの“間”を作れずに早めに脚を着いてしまい、体が前に出されて突っ込み気味でバットを振るしかなくなったり、あるいはそれを避けるために前へ行くのを我慢して今度は差し込まれたり…。タイミングが早すぎたり遅すぎたり、という悪循環に陥ってしまいます。もともとは良い間合いで振れていたのにだんだん動きが小さくなり、いろいろな投手と対戦する中で少しずつズレてバッティングが崩されていく。こういう部分こそ、成績に波が出る大きな要因の１つだと思います。

実際、僕も2023年のシーズン中盤などは右脚を上げるタイミン

グが全体的に遅く、スイングの"間"がなくなって苦しい時期がありました。右脚を上げたらすぐ打ちに行くような感覚で、映像などを観てもやはり、左脚に乗せて狙いを定めている時間が短かった印象です。もちろん、普段から2ストライクに追い込まれたときなどは動きを小さくして対応することもあるので、決してそれが悪いとは言えません。ただ、意識の部分ではやはり「前に出されたくない」「差し込まれたくない」という気持ちもあり、それが脚を上げている時間を全体的に短くしていたのだとも思います。

その一方で、レッグキックにはもちろんメリットもあります。一般的に言えば、エネルギーをしっかり溜めてから一気にドンッと打ちに行けるという部分もありますが、僕が脚を上げている最大の理由は、手を動かしたいから。スイング動作というのは全身の連動によるものなので、「手を後ろへ引くために脚を上げている」という感覚です。

そもそもスイング全体のイメージとしては、ゆっくり大きく動きたい。その中で、手も止まらずに動いていてほしいというのが僕の考えです。と言うのも、よくテークバックで「弓を引いていくように」という表現がありますが、僕の場合は手を引いたところでいったん動きがパッと止まると、そこからバットを振り出していくときに余計な動きが生まれてしまうのです。車で言えば、ブレーキを踏んで止まっているところから一気にアクセルを踏んで急発進したとき、慣性によって一瞬グッと体が持って行かれますが、まさにそれと同じ感覚ですね。しかし、実際はブレーキを踏んだところからいったん足を離し、少し徐行している状態にしてからアクセルを踏むほうが走りやすく、またグングン加速していきやすい。したがって、切り替えのタイミングで手の動きが止まらないようにするためにも、脚を上げてゆったりとテークバックを取れる時間を確保したいという想いがあります。

さらにテークバックの時間が短くて手の動きが小さくなると、バットをパッと引いていったん止まったところからまたパッと出すことになり、どうしても直線的なスイングになってしまいます。本来、スイング軌道というのは弧を描くもの。ですからテークバックからバットを振り出していくときは、例えるならば直線を行ったり来たりするシャトルランではなく、マラソンのランナーが折り返し地点でゆったりとカラーコーンを回るようなイメージで切り返していきたいと思っています。

これはあくまでも個人的な感覚の話で、もちろん最初からバットを深く引いておいて、トップを作って固めた状態から一気に打ちたいという人もいるので、どれが良いと言えるものではないと思います。ただ、僕の場合はずっと動きながらバットを出していくほうがスムーズに打てるタイプ。もしかしたら右投げで左手を後ろへ引く動作が染み付いていない分、トップを作って止まることが難しいのかもしれません。とは言え、左手の使い方だけの練習もしているので、単純に右投げ左打ちだから不利というわけでもないとは思いますが、とにかく手が動く時間を作るために右脚を上げています。

ちなみにスイング中にずっと動いていたいのは、脚も同じです。僕のステップは右脚を上げていったん左脚に乗ってから「L字」に出ていくようなイメージなのですが、しっかりと間合いが取れているときは、右脚がゆったりと降りていきながら楕円を描くように回っています。逆に悪いときは時間的に右脚が回れるほどの余裕が

ゆっくり
大きく動いて
少しずつ加速
（マラソンのターン）

直線的に
小さく動いて
急に加速
（シャトルランのターン）

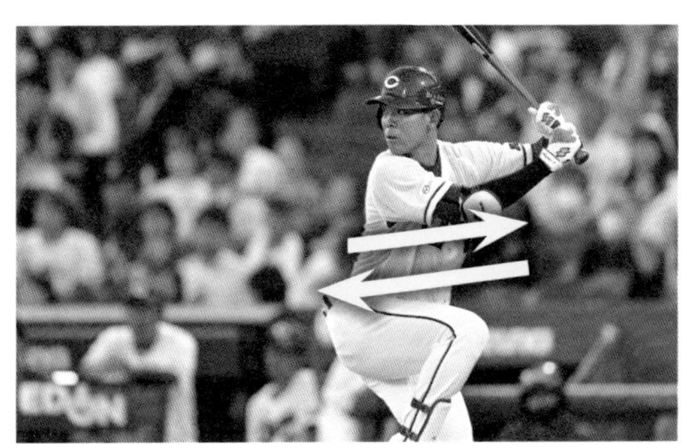

なく、直線的に降りていってすぐに着地。その結果、体が投手方向に引っ張られて突っ込んでしまいます。そういうときはウォーキングのティー打撃（P157〜158参照）などをして、しっかり間合いを取りながらスイングする感覚を呼び起こすようにしています。

技術の追求に時間をかけて常にバッティングを更新 良い部分だけでなく失敗にもしっかりと目を向ける

僕は基本的にはずっと動きを止めることなくスイングしたいタイプですが、実はノーステップ打法に挑戦したこともあります。た

全身を連動させたスイング

踏み込み脚を上げることで、手が止まらずに動くための時間を作れる。さらに軸脚に体重が乗りながら「L 字」に出ていくイメージでスイングの間合いが作られる。良いときは踏み込み脚が楕円を描く

だ、実際に試してみて「これは無理だな」と思いました。

たとえばノーステップで打つ左打者の代表格としては大谷翔平選手（ドジャース）がいますが、彼のバッティングを見ていると、右足のカカトを上げてクロス気味にポンッと着いているときには、上体が後ろへ入りながら止まっているように見えます。もしかしたら本人は「上も動いている」という感覚かもしれませんが、僕の中ではどうしてもノーステップだと体の動きが止まってしまい、上体が動き続けながらあそこまで後ろに入るイメージが湧かない。しかも、そうやって止まった状態から一気にボールを狙っていくには、動き出しに相当な力が必要だなと。

おそらく、いったん動きが止まってもそこからフッと緩め、上手く力を抜きながらバットを出して加速させられる選手であれば、ノーステップ打法も合うのだと思います。しかし僕の場合はいったん止まったら、そこからまたグッと力を一気に入れなければ動き出せない。だからと言って緩めようとしても、単純にスイング全体が緩んでメリハリがなくなってしまいます。イメージの作り方が根本的に違うので、ノーステップ打法はあきらめました。

ただ、やはりバッティングには正解がないわけですから、構え方にしても足の上げ方にしても、またトップの作り方やバットの形状などにしても、自分に合うものを追求して何を選ぶかということが大事です。そういう意味では、ノーステップ打法に取り組んだことも決してムダではなかったと思います。自分にとって合わないものでも、ずっと続けてみたら良くなることもあれば、「やっぱりダメだな」と思うときもある。僕はノーステップ打法にしっかりと時間を費やして「やっぱりダメだな」というところまで分かったので、少なくともそのレールに戻って同じ失敗を繰り返すことはありません。クイックへの対策としてパッとやることはあるかもしれませんが、バッティングが根本から崩れてしまうなど、よほどのことがない限り、今後もノーステップ打法をベースにすることはないと思います。

技術を追求していく上では、そうやって失敗を積み重ねることもすごく大切です。特にキャリアを積んできた選手というのは「こういうときは打っているな」という形を必ず持っているものですが、一方で失敗にかけている時間も長い分、自分の中で「こういうときは悪い方向に行く」という統計も取れています。そして「あっ、ちょっと悪くなってきているぞ」という変化に早めに気付ける人ほど、修正を掛けてまたすぐに良い方向へと引っ張っていける。だからこそ成績が安定するのだと思います。

たとえばヒット集やホームラン集など、良い映像を見て共通点を探す人はわりと多いでしょう。しかし、良いスイングの形は分かったとしても、そのときのメンタルまでは分からないもの。どういう意識で打っているかという部分を整理せずに「この打ち方は良いな」という判断だけで取り組むのは実は危険で、形は良いのに悪い方向へどんどんハマってしまうことがよくあるのです。良い部分だけを見るのではなく、「こういうときは失敗するんだな」「こういうやられ方をしているな」という発想でバッティングを見ることも必要だと思います。

そこが分からない選手は意外と多く、たとえばシーズンオフになるたびに大谷選手のスイングを見ては「もう一度ノーステップにしてみよう」と考えるなど、一度やって上手くいかなかったはずなの

に同じ道に戻って時間を費やしてしまう傾向があります。厳しい言い方になりますが、誰かの打ち方を模倣することで満足していては、自分の技術は前へ進んで行きません。大事なことは自分の動き方がどうなっていて、感覚的にはどうだったか。そこに向き合ったほうが良いと思っています。

何か新しいことに取り組むとき、僕はシーズンオフであれば最低でも２週間くらいは突き詰めるようにしています。シーズン中は結果を求められる時期なので、さすがに２週間を費やすことはできませんが、毎日体調の変化もある中で同じことをある程度続けてみて、その中で兆しが見えてくるかどうか。ずっと継続していると少し違う感覚が生まれ、良いひらめきや悪いひらめきが出てきたりすることもあるのです。１日やって「今日良かったからこれで行こう」「今日ダメだったから変えよう」とすぐに判断するのではなく、２週間後くらいに振り返って総合的に判断していく。そんな感覚ですね。

バッティングの変え始めというのは、今までとは違った刺激が入るので基本的に「これは良いな」と感じるものです。しかも元に戻れるものがすぐ近くにあって、その場はダメでも「感覚が悪ければ１時間前や１日前にすぐ戻せる」と思うからこそ、思い切って取り組める。僕はやりませんが気分転換に他の人のバットを使ってみたときなどはまさにそうで、それを使って練習を積み重ねてきたという責任がないから、新しい感覚が楽しく感じられるわけです。また、そもそも「良さそうだな」と思ったから新しいことにチャレンジしているわけで、いきなり当てが外れてほしくはないので「良いぞ」と言い聞かせている部分もあります。

一方、時間をかけていくとその取り組みからだんだん離れられなくなっていきます。そこで以前のバッティングに後ろ髪を引かれながら継続するか、もしくは新旧どちらかのバッティングをスパッとあきらめ、1つに絞って前へ進むか。その判断が重要です。僕なりの感覚としては「こういうふうに変わっていきたい」というビジョンが見えているのであれば、「何か違うぞ」と感じていてもまだ新しいことを続けていく意味はあるのかなと思っています。

さて、いずれにしてもある程度の時間をかけて長期的に追求していかなければ、新しい技術はモノになりません。さらに、大きなポイントは「いかに自分と対話している時間が多いか」だと思います。

現在は情報が簡単に手に入る時代ということもあり、映像を観て「これは良いな」などと、目（視覚）から入っていく選手が多いように感じます。ただ、たとえばイチローさん（元マリナーズほか）がオリックス時代にやっていた振り子打法はあくまでも本人の考え方や感覚、体の特徴や使い方などがあるから生まれたわけで、その後に採り入れた人も少ない。つまり決して万人に当てはまるものではなく、また「ちょっとやってみよう」と思った人は多かったとしても、本気で自分のモノにするところまで時間をかけて追求はしていない、ということでしょう。

したがって、映像から入って「良さそうだな」と考えるよりも、やはり最終的にはいかに自分と対話できるか。そこが何よりも重要だと思います。僕は（2011年ドラフト3位）プロ入りしてから毎日ずっと日記を付けていて、自分が取り組んでいるものやその日の感覚なども記しています。決して読み返したりはしないのですが、自分と日々向き合い、それを書くことで頭の中を整理して次の日に

「ポイントは〝いかに自分と対話している時間が多いか〟。
バッティングには正解がないからこそ、
自分の合うものを追求して
何を選ぶかということが大事」

進みたいという想いがありますね。

そして自分と向き合いながらその都度、技術を更新していくこと。振り返ればシーズン安打数の日本記録（216安打）をマークできた15年も、月ごとに見ていくと実は打ち方が違います。共通しているのは「ボールの内側にバットを入れる」という一点のみ。あとは「どうやったらバットを入れやすいかな」と考えながら、「この投手にはこうやって対応していこう」「前の打席でこういうふうにやられたから今度はこうしてみよう」と。それを積み重ねて４月、５月、６月と少しずつ打ち方が変化していき、最後の９月まで行くと、結果的に開幕当初とはまったく別の打ち方になっていました。そうやって１つのシーズンの中でも大きく変化していくことはしょっちゅうあります。たとえば同学年にあたるDeNAの宮﨑敏郎選手や巨人の坂本勇人選手、ソフトバンクの柳田悠岐選手などにしても、みんな１年間同じ打ち方をしているように見えますが、彼らの中では大きな変化を繰り返しています。日々更新するという積み重ねがなければ、安定した成績には結び付かない。これは絶対に間違いないと思います。

打席ではいかに投手に対してフォーカスできるか
「考えない」ではなく「頭の中を整理する」が大事

先ほどは「目から入るよりも自分と向き合うことのほうが大事だ」と言いましたが、もちろん鏡に映っている自分の姿や映像などを観て参考にすることも大切だと思います。ただし、見た目の形だけにとらわれていくのは危険。また、映像であれば動いている様子が分かるのでまだ良いですが、特に連続写真などはあくまでもスイ

ングの過程の一部を切り取っただけのものなので、形だけをそのまま真似してしまわないように注意が必要です。

実際の試合でも、打席の中でバッティングの形を考えているときというのは、いくらキレイなスイングができていたとしても良い結果につながらないことが非常に多いです。僕の感覚だと、特に「胸から上」に意識があるときは良くないですね。たとえば「手をここに置いてこうやって動かしていこう」とか「グリップをこういうふうに出してヘッドがこうやって回っていく」といったハンドリングのイメージを持っていると、そもそも打つときのリズムが崩れてしまいます。逆に「下半身がどう動いているかな」「どうやって脚を上げようかな」などと下の動きをイメージしているときというのは、全身でタイミングを取ることにもつながるので良い傾向。そして一番良いのは、投手の動きにフォーカスして「どこに合わせて始動しようかな」と考えられているときです。

打者は好調時になるとよく「打席では何も考えていなかったけど、勝手にバットが出た」などと言います。それはつまり自分の体の動きに何も不安がない状態のため、自然と投手の動きに目が向いているということ。「ここで動き出せば合うだろうな」と、とにかくタイミングを合わせることにのみ集中できているわけです。そして表現としては、必然的に「自然と脚が上がって自然と手が出ている」になります。

一方で、試合になればいろいろなボールに崩されていくこともあります。そこで「この球をキレイに打ちたかったな」と考え始めると、その軌道を頭の中でずっと追いかけながらインパクトまでしっかり合わせるイメージが強くなり、少しずつ上の動きで感覚を調整するようになっていきます。そして意識が下から上に行くほどスイングのバランスが崩れるため、それを修正するために体の動きをどんどん考え出していく。だから「良いときは何も考えていない」「悪いときは余計なことを考えている」と言われるのです。

ここはすごく勘違いされやすい部分なのですが、打席では決して「何も考えない」ということが良いというわけではありません。「とにかく打席内で気持ちよくスイングができるように」というのは中学生くらいまでの話。高校生以上のレベルになればやはりバッテリーも打者が嫌がる攻め方を考えてくるわけで、「何も考えずに来

打席の中で肩やヒジ、手やバットの動きなど「胸から上」に意識が向いているときはバランスが崩れやすい。逆に下半身の動きをイメージできているときは状態が良く、ベストは自分の動きに不安がなく投手に焦点が合うこと

た球に体が反応すればいいんだ」という発想では継続して打つことができないでしょう。

ちなみに「考える」という作業の中には投手への対応だけでなく、もちろん自分と向き合って体の使い方を理解するということも含まれます。ただし、その部分をハッキリと言語化するかどうか。これは良いケースと悪いケースがどちらもあります。たとえばシーズン中に好調で「今はどこが良いんですか？」と訊かれたとき、「この部分がこうやって使えている」と説明してポイントを改めて認識することでより良くなる場合もあれば、投手とタイミングを合わせることだけに集中して「どこで動き出そうかな」と考えているからこそ上手く回っているという場合もある。僕はどちらかと言うと後者のほうで、言葉でちゃんと説明はできるのですが、それを発することで「調子が良いときはこういうことを言っていたな」というイメージが頭に残り、意識がそちらに引っ張られてしまうことがあるのです。だから、僕にとっては「好調の理由は何ですか？」という質問が一番苦しい。また不調時も「何とかしたいですね」と返すだけで、基本的にシーズン中は言語化しないようにしていますね。一方でオフの場合は、次のシーズンへ向けた取り組みを頭の中で整理するという意味でも、体の使い方などを言語化しています。

バッティングの大前提は速いボールに負けないスイング力
判断力・決断力・集中力などをもたらす基礎体力も必須

僕は、バッティングの基礎は「速いボール（ストレート）を強くキレイに弾き返せるかどうか」だと思っています。もちろん、練習としては遅いボールを打ったり変化球への対応を磨いたりして、引き出しを増やすことも必要です。ただ、投手が投げてきたボールに対して差し込まれてしまったら、そもそも前へ飛ばすことができません。ですから小学生だろうとプロ野球選手だろうとメジャーリーガーだろうと、どんなカテゴリーでも、まずは「速いな」と感じたボールに対していかに自分のスイングをぶつけていき、しっかりと打ち返せるか。それが基本の１歩目だと思います。

実際、たとえば高校野球などでは金属バットを使うため、冬場の体作りによってパワーやスイングスピードが上がっただけでバッティングが驚くほどレベルアップしたというエピソードをよく耳にします。つまり、速いボールに負けないスイング力というのは大前提。各カテゴリーのトップレベルで活躍することを考えると、メジャーリーグであればまずは160キロを打てるスイングが必要になりますし、日本のプロ野球なら140～155キロをしっかり打ち返すことが求められます。また高校生なら何キロ、小学生なら何キロ…と数値はさまざまですが、基準となるのはやはりスピードボールの処理です。そこに負けないスイング力を前提とした上で、より正確に処理するためのタイミングの合わせ方と力の伝え方を磨いていくことが重要だと思います。

そして安定した成績を残すためには、体力も不可欠です。

先述したように技術の習得には時間がかかるもので、バッティングで言えば、まずはひたすら自問しながらバットを振り続けられるだけの体力がある、ということが必須条件になります。そして、たとえば試合後などに「疲れたなぁ。でも今日は全然打てなかったし、このままでは苦しい。よし、練習しよう！」と自身を鼓舞できるかどうか。体力があるからこそ、そうやってバッティングをより

追求できるのです。さらに試合中においても、体力がある選手というのは早く呼吸を整え、次のプレーに対して冷静に頭を働かせることができる。逆に体力が削られている状況だと、どうしても心に余裕がなくなってしまい、「打ちたくないのに何となく手を出してしまった」というケースも増えてきます。つまり体力というのは、グラウンドで判断力や決断力、集中力を発揮する上でも重要だということです。

なお、バッティングが崩れて調子の波が生まれてしまうときというのは、大きく分けると2パターンあります。1つは好調時にボール球に手を出していくこと。普通に考えて、相手投手は好調な打者に対して甘いゾーンでは勝負せず、より窮屈に打たせようと難しい球を投げてくるものです。それでも1球ずつに集中し、しっかりと見極められれば問題はないのですが、打者は自分の中で「調子が良い」「ヒットが出ている」と思うとどんな球でも打てそうなイメージが湧いてくるため、ボール球まで追いかけてしまうことがよくあるのです。さらにはそれをキレイに打ちたくなって、少しずつスイングが崩れていく。こうなると、実はストライクゾーンに来たものを見逃してしまったというケースよりも状態が悪化することが多いです。

そしてもう1つは、疲労が溜まっていくことです。特にシーズン中は気付かないうちに疲労が蓄積しているもので、自分の感覚では常に同じ形で打っているつもりでもフォームが少しずつズレていきます。たとえば毎日ずっと体重を後ろに残して打っていた場合、軸脚に負担がかかっていき、無意識のうちに体が反応して軸脚に体重を乗せる時間が短くなったり、また自然と踏み込み脚のほうに体重

「どんなカテゴリーでも、
まずは『速いな』と感じたボールに対して
いかに自分のスイングをぶつけていき、
しっかりと打ち返せるか。それが基本の1歩目」

を預けてみたり。そうやって、いつの間にか重心のバランスが変わってしまうことがよくあります。あるいは全体的に疲労があるとき、「それでも力強く振りたい」と心を奮い立たせるのは良いのですが、結果的に普段使わない筋肉まで使って大きくスイングするようになり、どんどんバットが遠回りしてヘッドが落ちていってしまう。これもよくあるケースです。こうしたズレに対して「軸脚への乗りが悪いな」「ヘッドが少し落ちてきているな」と自ら気付ける選手は、早く修正できるので大崩れしないわけですが、いずれにしても、疲労というのはバッティングに大きな影響を与えます。

したがって、打者はバットを振る体力だけでなく、日常的な基礎体力もつけておかなければならない。そのためには日々のトレーニングやランニングも重要です。特にランニングは「野球の練習には不要ではないか」と議論になることもよくあります。ただ、「走ること」というのはすべての動作に精通しているもの。また体力だけでなく精神力も鍛えられますし、プロとしてシーズンを１年間戦っていくためには絶対に必要だと思っています。要領や効率が大事だというのも分かりますが、そもそも我慢して粘り強くランニングをすることさえもできない人が効率よく技術だけを追求したところで、集中力がもたずに中途半端に終わってしまう。僕はそう思います。

変化球を打つポイントは目付けと軌道のイメージ
狙い球かどうかは発射された直後に判断できる

さて、体作りやスイング作りによって投球のスピードにはある程度対応できるようになったとして、そこから先の技術はどう身につけていくか。試合になれば投手はさまざまな球種をさまざまなコースに投げ分けてくるわけですから、やはり引き出しをたくさん持っておくことが必要です。

変化球への対応というのは得手不得手が分かれるもので、「ストレートよりも後ろへ引きつけて打つ」という人もいれば「体勢を崩されながらも粘って前で打つ」という人もいる。それぞれ感覚が違うため、「この球はこうすれば打てる」という共通点を導き出すのは非常に難しいところです。ただ変化球に限らず、打てる選手と打てない選手の大きな差は何か。僕は打席でのイメージ力だと思っています。

変化球を打つのが苦手な人でも、実はマシン打撃のときから崩れているというケースはあまり見ません。カーブやスライダーなど1つの球種を設定して練習しているときは普通に打てていますし、「こういうボールが来る」と分かっているのでだんだん角度や球筋にも慣れてきて、メチャクチャ良い打球を飛ばしたりもしているものです。ところが実戦になると、他の球種も選択肢の中に入ってくるので対応できなくなってしまう。そういう選手がすごく多いような気がします。

実際のところ、これは打席での目付けと軌道のイメージの問題です。たとえば横へ大きく曲がるスライダーがあるとします。そしてストライクゾーンへ来るようにマシンで設定した場合、ボールがボンッと出てきたときには必ず一度、ボール球ゾーン（右投手の場合は三塁側、左投手の場合は一塁側）へ外れてから大きな弧を描いてきます。ということは、そのスライダーを狙うのであれば本来、リリース直後からストライクゾーンへ向かっていこうとする軌道では

なく、いきなりボール球ゾーンへ外れていく軌道をイメージしなければならない。最初に「ストライクだ」と思ったものが変化してボール球になり、「ボール球だ」と思ったものが変化してストライクになるわけです。

もちろん、カットボールやツーシームなど打者の手元で小さく変化する球種であれば、ストレートと同じように最初から最後までストライクゾーンに乗りっぱなしということもあるでしょう。ただ、大きく変化する球種は基本的にいったんボール球ゾーンを通るもの。マシン打撃のときに惰性でただ気持ちよく打つのではなく、そこを理解した上で各球種の軌道をイメージしていけば、狙い球に対して実際にはどこへ出たものを打ちに行けばいいのか、ボールが発射されたタイミングである程度は判断できるようになっていきます。逆に「投手が投げるボールは、最初はすべてストライクゾーンに乗ってくる」という思い込みがある場合は危険です。変化球を空振りするときというのは「ストライクに見えたから振りに行ったけれども実際はボール球だった」というケースが大半ですが、まさにその"ストライクからボール"の変化球に手が出てしまいます。

打席での目付けについてさらに言うと、たとえば縦に大きく変化するカーブや縦スライダー、フォークなどを狙う際は、ストライクゾーンの高めギリギリではなく、それよりも上のボール球ゾーンへ出たところから落ちていく軌道をイメージします。それと同時に「高めのストレートは空振りしても良い」という条件も必須です。縦の変化球を狙っていて、ボール球ゾーンに出たから「変化球だ」と思って反応したら、実はストレートでそのまま高めのボール球ゾーンに真っすぐ来てしまった。この場合は、空振りしても仕方がないと割り切るしかありません。物事にはすべて表と裏があるわけで、１つのものを狙うということは、裏を返せば何か他のものを１つ捨てるということでもあるのです。

と、変化球のイメージ作りについて説明してきましたが、そもそもストレートであっても球速や球質、フォームのタイミングまで１球ごとに違うので、バッティングというのは基本的に崩されながら打つものだと思っています。ただ、そんな中でも自分にとって軸となるスイングをしっかりと持ち、さまざまな手で崩そうとしてくる相手に対して、いかにタイミングを合わせて食らいついていくか。そこが重要なところです。バッティングはピッチングとは違い、体の使い方に合理性や再現性があるからと言って結果が伴うとは限りません。極端に言えば、ど真ん中に甘いボールが来て100点満点のスイングをしたとしても、スイングそのものが１秒遅れていたら空振りになるので結果は０点。一方、スイングは50点だったとしても、良いタイミングで振ってバットに当たればヒットになる可能性が生まれ、結果が100点になることもあります。つまり、いろいろな要素の掛け算によって結果を出すのがバッティング。だからこそ難しく、追求することに終わりはありません。

ストレート系を打つときのイメージ

スライダーなどの曲がり球を打つときのイメージ

フォークなどの落ち球を打つときのイメージ

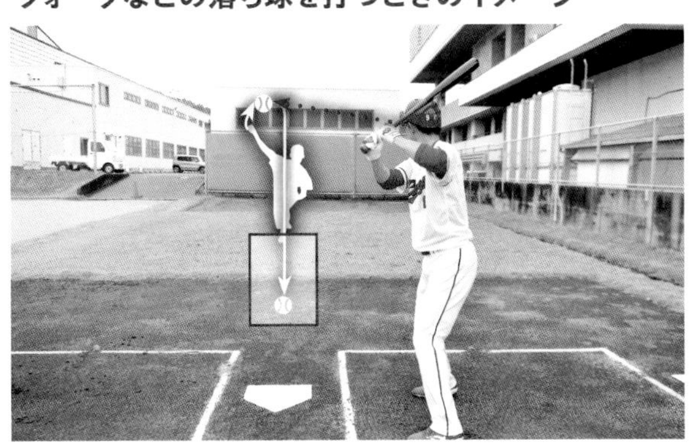

CHAPTER. 2

心身の変化と対応

「自分の特長を生かすことを考える。
見た目の形をただ修正するのではなく、
『今の自分にはこれが良い』という
感覚をつかんでいくことが重要」

アメリカでの経験が自分のスイングに大きく影響
常に変化していくバッティングの傾向に対応する

バッティングというのは、日々追求を積み重ねていきながら常に変化するものだと思っています。僕もこれまでさまざまなことにチャレンジし、失敗と成功を繰り返してきました。たとえばノーステップ打法。結果的には失敗に終わってしまいましたが、先述したように「同じ失敗を繰り返さない」という意味では、決してムダではなかったと思います。

ノーステップ打法に挑戦する大きなきっかけは、2020年のアメリカ行きでした。もともと日本にいたときから、投手のクイックに対して脚の動きが間に合わないという部分が課題ではあったのですが、いざメジャーリーグの投手たちのボールの強さやスピードを体感すると、余計に「脚を上げている時間がないな」と。とは言え、「最初はとにかく自分が持っているもの、今までやってきたものを１回すべて出してみよう」と考えていたので、１年目はタイミングの取り方を変えることで対応（P14〜15）。そして、改めてレッグキックで打つことの難しさを感じたため、シーズン終了後に「極端にノーステップにしてみよう」と取り組むようになりました。

そもそも今までアメリカへ渡った日本人打者を見てみると、基本的にはみんな脚を上げる動きが小さくなっている。と言うことは、メジャーの投手を打っていくためにはやはり「小さな動きでなおかつ強く振る」という技術が求められているのかなと思います。ただし、これを実践するのはすごく難しいものです。メジャーの投手が単純に手元で動くボールが多いというだけならば、ボールをできる

だけ長く見てパッと振ればおそらく対応できるのですが、それに加えてボールの強さがあるため、まずは自分がしっかりとスイング幅を取って振るということが前提になります。まして僕の場合はスイング力よりもバットコントロールを持ち味にしているタイプなので、今まで以上に強いスイングをしなければ打ち返せない。だからこそ、最終的には「やっぱり脚を上げないとダメだな」という結論に達するわけですが、当時は「どこをどうやって使えば、今以上のスイングをしながら動きを小さくできるかな」と試行錯誤していました。実際のところ、素振りやティー打撃などではしっかりスイングを作れていたと思うのですが、実戦で投手に合わせるのは難しかったですね。やはり「対投手」で結果を残すということがバッティングの根本なので、いくら練習で手応えがあっても、結局は試合でやってみないと分からないのだと思います。

さて、ノーステップ打法は頓挫したものの、強いスイングへの追求はその後も続いていきます。ただ現実としては厳しい状況で、アメリカでプレーした2年半を振り返ると、自分が得たものは少なかったですね。もちろんメジャーを経験したことで語れる部分は増えたのですが、とにかくできなかったことばかりが印象に残っています。

その中でもやはり大きかったのは、単純に100対100で力をぶつけ合ったときに負けてしまうことです。投手が100%のボールを投げてきた場合は、自分の100%のスイングでも強く弾き返すことができませんでした。そして当然、バットコントロール重視ではそもそも打球が前に飛ばないので、基本的には120%の力を出す心構えで、相手によっては150%くらいのスイングをする感覚になる。どんどんボールへ向かっていくようになり、特にアウトコースに対しては力負けしないように上から強くかぶせるイメージで、自然とクロスステップするようになってしまいました。もちろん、クロスステップ自体は悪いことではないのですが、そこからスイングが少しずつズレていったのは間違いありません。とは言え、しっかり打ち返さないと勝負にならないわけで、これはアメリカで生き抜くために本能として変化したもの。そうせざるを得なかった、という感じですね。

なお、これは少なからずチーム状況も絡んでくるものだと思います。僕のケースで言うと、当時のレッズは一番から九番までホームランを打てる打者が並ぶような打線。そんな中で1年目は主に一番打者として試合に出させてもらっていたのですが、2年目の21年はキャンプ早々に太ももものケガで離脱してしまいました。何とかシーズン前半に復帰はできたものの、出場している他の外野手たちはしっかり振れるタイプの打者ばかり。そうなると戦術的には出塁しても足を使うわけではなく、もちろん僕が試合に出てヒットを打ってもなかなか盗塁のサインなどは出ません。と言うことは、僕がそこから出場機会を増やすためには、強いインパクトを与えるバッティングを見せなければならない。その結果、速いボールに力負けしないことを求めるしかなかったわけです。

今振り返ってみると、僕ができることはバットコントロールを駆使してヒットを打つとか、粘ってカウントを稼ぐという部分だったので、思い切ってそちらに特化すれば良かったのかなとも思います。ただ、アメリカでは1本もホームランを打てず、あまりにも長打が出なかった。単純に気持ちよく振ろうとしても「こんなにも

ボールに差されてしまうのか」と。そしてストレートには押し負け、「じゃあ変化球を狙うしかないな」と思っても、その軌道をなかなかつかみ切れない。また、僕がストレートに負けているうちは投手も必然的にストレート主体で押してくるわけですから、やはりストレートを打ち返さないと始まりません。自分の中ではできないことが多すぎて、選択肢がどんどん消えてしまいました。

続く22年になってもその部分は改善できず、ロースター（選手登録枠）を外れて開幕。そこからFA（フリーエージェント）などを経て、6月末には日本球界復帰となったので、アメリカにいた期間はやはり「できなかった」という想いが強いですね。

実は広島東洋カープでプレーしている現在も、アメリカで変化したスイングの影響はまだ残っています。速いボールへのアプローチとして、どうしても右脚をベース寄りに踏み込みすぎてしまう傾向があるのです。ちなみに僕は150キロ台だろうと140キロ台だろ

近年はクロスステップする傾向が強くなってきたが、速いボールに力負けしないようにスイングすることは大切。それを前提とした上でいかにバットコントロールを利かせられるか、試行錯誤を重ねて実戦に臨んでいる

うと130キロ台だろうと、ストレートを見て「遅いな」と感じることはありません。目の前の投手を打ち崩す上で他の人と比べる必要はないわけで、あくまでもその投手の持ち球の中で「速いボール」「遅いボール」「中間のボール」……といった認識をしています。つまり、実際にスピードが出ているかどうかは関係なく、各投手の「速いボール」への反応として大きく踏み込む動作が出てしまうということです。

さらに付け加えると、外角ストレートに対しては体を入れてバットを上からかぶせていくイメージが強いため、スイングも全体的に少し外から巻き込むような軌道になってしまいます。それによって甘いボールをとらえ切れなかったケースもありました。だからといって無理に内側から出そうとすると、バットを通す隙間がないので苦しくなる。また、西武時代であれば「体が開いていても内側からポンッとバットを出せば良い」という感覚があったので良かったのですが、今の僕はインサイドアウトを強く意識すると、スイングのラインを作りに行くときにバットが下がりすぎてボールの下を空過するイメージが浮かんでしまいます。だからこそボールに対して寄っていき、自然とクロスステップになるわけです。

22年を終え、オフ期間には打ち方を修正するためにいろいろ取り組みました。ただ23年も序盤は良かったものの、試合を重ねていくうちにやはり右脚はどんどん本塁ベースへ近づいていきました。オープンスタンスで構えておけば踏み込んだときにはちょうど良くなるのかなと思いながらも、そうすると僕の場合は軸脚側の左腰が落ちて左ヒザが早く回り、体重移動についていけなくなるというデメリットもあります。そういう葛藤の中で試行錯誤を重ね、終

盤に少し手応えを得てシーズンを終えることができたのですが、やはり実戦を通してバッティングは変化していくものだなと。23年の一年間を戦って、改めて痛感しました。

自身の特長を踏まえてヒッティングポイントを変更
逆方向へ打つために「前で打つ」から「後ろで打つ」へ

バッティングの考え方として、よく「前で打つ」のか「後ろで打つ」のかというヒッティングポイントの話が出てくることがあります。もちろん、人それぞれに感覚があってタイプも違うのでどちらが正解とは言えませんが、僕はどちらも経験しています。

もともと若手だった時代は、前で打つことしかできませんでした。イメージとしてはストレートに対してバットを上から最短距離で落とすように強く出していき、前でとらえて打球にスピンをかける。まだ変化球を狙って打てるようなレベルでもなかったので、粘って何とか拾えればラッキーだというくらいの感覚だったと思います。ただ、出場を重ねていくうちに「このままでは変化球が打てないな」と。また、当時の西武にはホームランを狙って打てる打者が多くいて、その中で僕が中途半端に5本や10本と打ったところで、打率が3割に届かないようなバッティングだったら生きていけないだろうなとも思いました。

では、どうやって生き残るか。そこで自分の特長を考え、バットコントロールを生かしてヒットを積み重ねていくスタイルを目指しました。具体的にはバットを内側から出して確率良くヒットゾーンへ運び、たとえ詰まっても外野手の前に落としていく。もっと言うと体のラインに沿わせてボールの内側にバットを入れ、体の中でとらえたら下から持ち上げるようにして逆方向を狙っていく。わざと詰まらせるくらいの感覚で「後ろで打つ」ようになりました。この打ち方に取り組んだのがプロ４年目を終えた2014年のオフで、翌15年のシーズン216安打につながったわけです。

そんな成功体験もあって僕は基本的に「後ろで打つ」タイプになりましたが、これはやはり一長一短です。「前で打つ」ほうがヘッドの振り抜きは良いですし、体重を前に乗せやすいので強い打球も飛んでいく。ただ、変化球には体勢を崩されやすいとも思います。一方で「後ろで打つ」というのも、ボールをできるだけ長く見てコンタクトができる反面、体重が後ろに残ってストレートに押されやすいわけで、ちょうど良いバランスを見つけるためのさじ加減が非常に難しいところです。技術的には「詰まってもサードやショートの後ろに落とせる」というのが僕の大きな持ち味ではありますが、本来なら状況に応じて使い分け、もう少し「前で打つ」こともできればもっと幅が広がる。その部分での葛藤はありますね。

ちなみに打球の傾向で言うと、僕は一・二塁間からライト線までのゾーンにヒットがあまり出ていないと思います。もちろん３方向（左・中・右）で考えれば右方向にも飛んでいますし、強めに引っ掛けてライト前とか、しっかりとらえて右中間というのはよくあります。ただし、ファーストの頭上にライナーが飛んだり、またライトの定位置の真後ろからライトポールまでのスペースにフライが飛んだりすることは本当に少ない。もっと言えば、ライト線の右側にファウルを打つことも少ないですね。広島に来てからは西川龍馬選手（現オリックス）や田中広輔選手などが前のほうでパーンと弾いてライトポール際にホームランを打ったりするのも見てきたのです

上から叩くようにして
前でボールをとらえるイメージ

下から持ち上げるようにして
後ろでボールをとらえるイメージ

が、僕にはああいう使い方ができません。

これは、そもそも僕の中で「引っ掛けたくない」という気持ちが強いことが影響しています。もともと僕はバットのヘッドをコネ気味に打つクセがあり、実際に西武へ入団して数年は引っ掛けたセカンドゴロなども多く出ていました。それを改善する意味でインサイドアウトを求めた部分もあって、先ほど話した15年のスイングなどは捕手側の左手がクルッと返ってしまわないように、極端に言えば体の右下からボールの内側を縦に切って左上へと持っていくイメージ（詳しくは後述）。簡単に引っ掛けたくないからこそ、逆方向を強く意識していました。それでも実際のところは打球が右方向に飛んでいて、たとえば216安打の打球方向も「左・中・右」の内訳はそれぞれ70本前後とほぼ均等。当時は内角球に対しても内側から出して打球をフェアゾーンへ入れていくような感覚でしたが、むしろそれくらいでちょうど良かったのだと思います。

ともかく僕の中にはそういう意識が浸透しているため、センターからレフトにかけては詰まっても方向性を出せるのですが、前で打ってライトへ強く引っ張るというのが難しいわけです。そう考えると、たとえばDeNAの宮﨑敏郎選手などはレフト線からライト線まで90度のフェアゾーンをきっちりと使い切っていて、なおかつファウルも左右に打てるのですごいなと思いますね。前で打つのが上手い人はよく「外を狙っておいて、内に来たらパッと体を回して前でパーンと払う」と表現したりもします。しかし僕の場合、内角球に対してはどうしてもバットの面を止めてセカンドの頭あたりへグッと押しながら運ぶイメージが付いているので、腕を畳んでクルッと回ることができません。その技術を身につけるためには訓練

が必要になりますが、今後は前で払うスイングも求めていくのか、それともフェアゾーンへ入れていく技術に特化していくのか。そこはしっかり考えて見極めていこうと思っています。

クロスステップを受け入れた上でバットの出方を重視
バッティングフォームを大きく変えた2023年

日本のプロ野球もここ数年、全体的に投手の球速がスピードアップしていると思います。その傾向は僕も以前から感じていて、特に渡米する直前の2019年などは最多安打のタイトルこそ獲れたものの、打率は3割ちょっとまでしか乗りませんでした。前年よりも自分の中で「速いな」と感じるボールが増えたことで、無意識のうちに少し外から回るスイングが多くなり、逆方向へのヒットも減ったのです。実際に18年から19年という1年間だけでも数字に影響がありましたし（18年は195安打で打率.323、19年は179安打で打率.303）、アメリカから帰ってきて広島に入団した22年もやはり「球速帯が上がっているな」と。ですから、強さを求めるスイングは自然と出てしまいます。

そうやって先ほど説明したクロスステップの傾向が続いているわけですが、23年は苦しみながらも変化を重ね、少しずつ良くなっていく兆しも感じました。

まずオフ期間から春季キャンプまで取り組んでいたのは、バットを立てた状態で構えて、ボールに対して上からかぶせていく打ち方です。僕はもともとバットを寝かせておいて、体が回る動きと一緒に肩口からバットを出したいタイプ。そしてやや下から上にスイングし、ボールの軌道へバットを水平に入れていくというのが通常です。一方、DeNAの宮崎選手や牧秀悟選手をイメージしてもらえれば分かりやすいと思いますが、バットを立てて上からかぶせる打ち方というのは、テークバックのときには後ろのヒジがしっかりと捕手側に入り、そこからトップの状態を経て、今度は後ろヒジがグッと中に入って体の前に出ていく。つまり、しっかりヒジを動かしな

手と体を別々に使って
バットを上からかぶせていく打ち方のイメージ

がら、手と体を別々に使う感覚になります。本来であれば僕には合わないことだと思うのですが、「これをやったらヘッドはどうやって出てくるのかな」と確かめたい部分もあったので、あえて取り組んでいましたね。

結果としては春のオープン戦で手応えがなく、「実戦ではやはり投手にタイミングを合わせることが前提だな」と再認識しました。そこからは開幕に向けて、タイミングの合わせ方を考えるほうにシフト。しかしそんな中、シーズンが始まって４月に入ると１つの成果が表れました。外角高めのストレートに対して三塁方向へのライナー、あるいは三塁線や三遊間を破るゴロなど、久しぶりに左方向へ強い打球が出るようになったのです。それまでのアプローチは外角高めに対して体ごと寄っていき、ボールを下から持ち上げてレフト前へ落とすという感覚だったのですが、この時期はボールに対して入っていきながらも、バットを体からポーンと離して強く押し込むことができた。まさに手と体が別々に使えている感覚でした。

補足ですが、僕の中では「寄っていく」と「入っていく」は感覚が少し違います。前者は「ボールが来た方向に体ごと向かっていく」という動作であり、外角に寄れば当然、ボールが内角へ来たときには距離が取れなくなります。一方の後者は「ボールに対してしっかり体重を乗せていく」という動作。他の球種も想定しながら、いざ外角球が来たときには「外だ！」とバットを離していくので、逆に内角球が来ても対応できます。つまり、外角に大きく踏み込んで体を寄せたから強く打てたというわけではなく、自分が持っているストライクゾーンの感覚に合わせて自然と外角にもバットが強く出たということ。これはもちろん、投手との間合いが上手く取れるようになったことも一因ですが、やはりキャンプまで継続していたことが生かされたのだと思います。

こうしてシーズンの滑り出しはわりと順調だったのですが、課題としてはなかなか打球が上がらず、さらに試合を重ねていくとクロスステップも強くなり、バットの出方もスムーズさを欠いていきました。前半は交流戦も含めて６月あたりが特にしんどかったですし、後半は８月中旬に右ふくらはぎを痛めて９月上旬まで離脱するのですが、その前後はやはり良くなかったですね。そもそも踏み込み脚のステップの度合いというのは、自分の狙い球が外角か内角かに関わらず、ボールが来る前にもう決まっているものです。実際、僕は内角を狙い打ちしたときでさえ右脚をベース寄りに着いてい

2023年の当初の打ち方

上体を真っすぐ伸ばしてスッと立ち、踏み込み脚は地面に軽く着ける程度で軸脚側に重心を置く。そしてゆったりと脚を上げ、しっかり間合いを作って打ちに行く

て、分かっていても修正が利かないくらい本能的に踏み込んでいました。

それが良くなっていったのは、シーズン終盤の９月下旬です。その時点では「もうステップは変わらないな」と修正をあきらめ、クロスステップを受け入れた上でどうやって打つか、体の使い方を考えるようにしていました。そして、打ち方を大きく変更。具体的には構えのスタンスを広げて重心を落とし、頭を少し前へ倒してあらかじめ上体をクラウチング気味に傾けました。４月などは上体を真っすぐ伸ばした状態でスッと立ち、上から叩いてハンドリングというのをイメージしていましたが、やはり僕の場合は体の回転に手がついてくることが多いため、上体を立てたままスイングするとど

2023年の終盤の打ち方

スタンスを少し広げて上体を前へ傾け、重心を真ん中に置いてやや下に落とす。そして踏み込み脚をパッと上げ、「軸脚→踏み込み脚」の体重移動ですばやく打ちに行く

うしてもバットが横から出てきてしまう。これではインサイドアウトにならず、バットがスムーズに走っていきません。したがって体の回し方を少し傾けるイメージを作り、内側から外側へ振りやすいようにしたわけです。

ただし、構えの時点から上体を傾けるというのは、できればやりたくないことでもあります。打席に入る際は背中をいったん反って、そこからフッと力を抜いて自然に構えるというのが僕の本来の流れですし、やはり頭は真っすぐ立てているほうがボールの動きを見やすい。しかも頭をベース側に寄せた場合、ストライクゾーンの感覚がズレてしまう可能性も出てきます。とは言え、それまでの状況を考えると背に腹は代えられませんでした。

さらに９月は構え方だけでなく、脚の上げ方も変えました。もともとは軸脚側に重心を置いて、踏み込み脚はちょこんと地面に着く程度。そこからゆったりと脚を上げ、しっかり間合いを作って打ちに行っていました。ところが、クロスステップが強くなるとだんだんボールに対してアクセルを踏んでいくことが怖くなり、踏み込み脚を強く着くことができなくなっていった。その結果、前に体重を乗せ切れずに打つことが増えてしまっていました。

そこで、打ち方を変えてからは両脚へほぼ均等に体重を掛け、重心は真ん中に置きました。そして踏み込み脚をいったん踏んでからパッと上げ、「軸脚→踏み込み脚」の体重移動ですばやく打ちに行く。つまり、投手方向へ突っ込んでいくような要素をあえて入れたわけです。本来はボールとの距離をしっかり保ち、バットを振れるスペースを作ってゆっくり大きく動くというのが僕のスイングなので、これは真逆の打ち方と言えるでしょう。ただ、間合いやスイン

グ幅こそ十分には取れないものの、ボールとの距離をわざと近づければ「時間がないから早くバットを出さなきゃダメだ」というのを体に刷り込ませることができます。そうやって本能的な反応を引き出したことで、実際にバットの出方は良くなっていきましたね。

一年を通して大きな学びを得た指揮官のコーチング
大切なのは本人が試行錯誤しやすい言葉の伝え方

わずか一年の間でもこういった変化をしながらシーズンを戦っているわけですが、僕は悩んでいるときには実際の映像を見て自分のバッティングを分析するだけではなく、打撃コーチはもちろん、自分のことをよく見てくれている選手などにも話を聞くようにしています。どれだけ良いときの映像を観たとしても、その形だけを模倣すれば打てるというわけではない。そういうときこそ、近くにいる人の客観的な意見がすごく参考になるのです。

2023年の場合で言うと、僕の中で非常に大きかったのは監督の新井貴浩さんの言葉です。アドバイスをされる回数が少なかった分、より長く心の中に残っています。特に印象的だったのはシーズンの開幕を控え、先述の「上からかぶせていく打ち方」に取り組んでいた時期。僕が練習をしているときにふと、こう言われました。

「（自分の）現役時代にアキ（秋山）が打席に入ったときって、動きがバチッと決まってパッパッと振るというよりも、ずっと動きながらいつの間にかバットが出てくるっていう感じだったから、守っていてすごくやりづらかったんだよね」

新井さんは現役時代の自分の心情を伝えながら、アドバイスとして僕のバッティングが良かった頃の話もしてくれたわけです。ここでもし「トップの位置がこうで……」とか「脚の位置はもっとこうしたほうが……」といった話をされていたら、体の動きをピンポイントで直したところで打つのは難しいということを僕も分かっているので、あまり良くならなかったと思います。しかし、雰囲気やフィーリングの部分で「ずっと動きながらバットが出てきた」などと言ってもらえれば、頭の中にイメージを残しやすい。また実際にも、打者というのはボールの速さと怖さに対して身構える部分があるため、「早く動きたい」と思うとどこかで動きが固まってしまうものです。そんな中で新井さんの言葉があって、「そうか、自分が動いていきながら投手に合わせていけば良いんだよな。打ち方がどうこうという問題じゃないな」と。そして、「まずは投手にタイミングを合わせる」ということに集中するようになりました。そういう感覚で臨めたからこそ、開幕後には良いスタートが切れたのだと思います。

　また、シーズン終盤にも新井さんの言葉は大きく響きました。両脚のスタンスを広げて重心を下げ、上体を前に傾けた構えから打つという変更をしたときのことです。

「アキ、俺は今の打ち方が開幕のときとは違う打ち方だっていうのは分かっている。でも力の入り方とか投手への行き方、合わせ方を見ると、形はまったく違うんだけど、今はすごく打てそうな打ち方をしているよ」

　ここもやはりフィーリングでしたが、そうやって背中を押してもらえたことで「このままやれる」という気持ちになり、状態も少し上がっていったのです。

　逆に新井さんの立場になって考えると、僕に対して何かを「言い

たいな」と思ったタイミングは他にもたくさんあったはずです。ただ、そこは打撃コーチに任せた部分もあるだろうし、あるいは僕がそれなりに年数を重ねてきた選手だということも考慮して、あえて声をかけなかったのかなと。その一方で春季キャンプ中、僕が「投手方向に突っ込みたくない」「でもしっかり踏み込まなきゃいけない」と葛藤しているときには、技術的な相談をしてティー打撃を見てもらう中で「いや、それだとまだ全然（投手方向に）行ってないから、もっと行っていいよ」と伝えてくれたりして、そのおかげで思い切って踏み込めるようにもなりました。やはり１年を通して新井さんの存在はカギになっていたと思いますし、伝え方のさじ加減や言葉のチョイスなどは、コーチングの勉強という部分でも大きな影響を受けましたね。

　僕もこの先、選手たちに対して伝える側になっていく可能性もあ

近くで見てくれている人の意見を聞くこともすごく重要。ずっと悩み続けた2023年シーズンだったが、新井監督（右）からかけられた言葉によって浮上のきっかけをつかんだ

ると思うので、たとえば普段から「若手にこう訊かれたときはどう答えようかな」などと考えたりもしています。正直なところ、周りから見ていると「もっとこうすれば良いのにな」とか「この打ち方じゃキツいだろうな」と思うことも多々あります。しかし、それはあくまでも向こうが技術的な質問をしてきたときにポンッと返してあげれば良いことです。「手がしっかり出てこないんですよね」と言われたら手の使い方の話をすれば良いし、「ステップをこの位置に踏み出したくないんです」と言われたらステップの意識の話をすればいい。そういうときは具体的に技術面のヒントを出してあげたほうがスッキリすると思います。ただ、そもそも結果が出なくて悩んでいるという場合は、細かい技術面の話をしたところで、見た目の形をただ修正するだけになってしまう。それよりもたとえば「体をもっと大きく使ってみよう」「ゆっくり振ってみよう」などと、本人の解釈によってどうにでも捉えられることを伝えてあげたほうが良いのかなと。最終的には本人の感覚の中で「今の自分にはこれが良い」というものをつかむことが重要であって、だから本人が試行錯誤しやすい伝え方をすることが大切。僕が今までかけられてきた言葉などを振り返っても、やはりそう思います。

なお、指導者だけでなく選手からアドバイスをもらうこともよくあって、特に僕が「今の自分はどうかな」と思ったときに頼りにしているのは、チームメイトの松山竜平さんです。松山さんはキャリアもあってバッティング技術も高く、いろいろな選手を本当によく見ている。また結果だけで物事を判断せず、たとえヒットが出ても「今のはダメ」「打球は良かったけど変だったよね」などとハッキリ言ってくれますし、逆に凡退しても「今の感じは良かったんじゃな

いか」と伝えてくれることがあります。技術的な変化をさせるときも、僕がまず相談するのは松山さん。単純に背中を押してくれるというだけでなく、目の前の結果とは逆の言葉があって参考になるので、すごくありがたいですね。

チームメイトの存在によって成長できた西武時代の経験
技術を参考にしやすいのは同じ左打者よりも右打者

西武時代に関して言うと、僕はチームとは別のところでスイングを見てもらったりもしていたので、技術的な悩みを抱えているときに選手間で話し合うことはほとんどありませんでした。余談ですが、僕がスイングを見てもらっていたその人から言われたのは「普通の対策を当たり前のようにやっていても凡人のレベルまでにしか行かない。他の人とは違うこと、逆のことに取り組めるのがプロなんだ」と。その言葉も僕の中では大きくて、今も「あえて難しいことをやらなきゃダメだな」という発想で練習に取り組んでいます。

技術的なことを除けば、西武時代に一番刺激を受けていたのは浅村栄斗選手（現・楽天）です。年齢は僕が２つ上ながら、同じようなタイミングでお互いにレギュラーとして試合に出るようになりました。西武には中村剛也さんや栗山巧さんなどお手本となる先輩もいましたが、積んできた実績や経験が違いすぎて自己投影もできないくらい上の世界の話だなと。一方で浅村選手については、チームが苦しんでいる時期も含めて「長く一緒にやってきた」という想いがあります。右打ちの内野手で打者としてはホームランも打てるので、僕とは真逆。性格面においても僕が人といろいろ喋っていくタイプなのに対し、彼は寡黙で、背中で人を引っ張っていくタイプです。さらに僕は練習に時間をかけてようやく感覚を身につけていくのですが、彼の場合はコツをつかむのが100倍も1000倍も速い。練習量が要らない分、他のことに時間を費やせるタイプでもあります。そういう線引きもしっかりとできていた中で、やはり彼のスキルを見て素直に「すごいな」と思えましたし、逆に結果が出なくて苦しんでいる姿を見ると「あぁ、浅村でもこんなふうに悩んだりするのか。苦しんでいるのは自分だけじゃないんだな」と救われる部分もありました。

また、同じ左打者ということでは、若手時代は先ほど挙げた栗山さんがお手本でした。バッティングの技術はもちろん、キャンプでのバットを振る量やシーズン中の準備の意識などもすごくて、出場機会が減ったときもやはり勝負どころで打つ。「１打席も１球もムダにできない」という姿を見させてもらいましたし、未だに「自分は５年後に（５歳上の）栗山さんのような立ち居振る舞いができるかな」と、ビジョンを描いたりもしています。

あとバッティング能力で言うと、森友哉選手（現オリックス）はとにかくすごかった印象がありますね。特に軸脚側の左ヒザや左腰のタメの力。彼は常に重心を低くした構えから打っていますが、シーズンを通してあの低さをキープするというのは普通だったらできません。おそらく小さい頃からの積み重ねがあって、それが当たり前の感覚になっているのだと思います。ただ、それにしても体への負担が大きい捕手というポジションで首位打者を獲ってしまうわけですから、下の土台が相当強くてブレないんだろうなと。そして、前へ大きくステップしながら全身を使って振り切り、それでもしっかりコンタクトできるというのもすごいです。打つときに体が

流されて前へ倒れる「スウェー」にはならず、頭がしっかり止まって軸を作りながら打てている。つまり、あれだけ前に力をぶつけていても、彼の中では体の動きをコントロールできる空間の中に収まっているということ。力んでヘッドスピードを出すのではなく、大きな推進力を発揮しながらピタッと前を止め、「慣性の法則」によって勝手にヘッドスピードが出ているわけです。だからこそギリギリのタイミングでもバットを出せるのだと思いますし、ボールへのコンタクトを重視しながらも強く振れるからホームランも生まれる。能力の高さにプラスして、その体を使いこなせているというのが彼のすごさ。すごく羨ましい部分はありますね。

そんな森選手の影響で、僕もバッティングに採り入れたものがあります。バットの握り方です。僕はもともと、両手でギュッとしっかり握って強く振るという考えしか持っていませんでした。しかし、彼が入団してきて高卒1年目（2014年）から一軍で打っている姿を見ていると、左手（トップハンド）をギュッと握ったりパッと離したりしていた。当時の僕の中ではあれだけ手を緩めていることが非常に斬新だったので、彼にも実際に話を聞いてみました。そして、あらかじめ左手を緩めておくからこそ、タイミングよく力が入ってヘッドが走るんだなと。その後、僕は「強く振ること」よりも「ボールにコンタクトすること」にフォーカスしていくのですが、逆方向へ打つためにはやはり左手を緩めておくほうが良いというのも実感。これが翌15年の216安打にもつながりました。

ちなみにこれは個人的な感覚ですが、僕は同じ左打者よりも右打者のバッティングを見るほうが、技術を採り入れやすいと思っています。と言うのも、左打者の場合は何となく「こういう使い方なんだろうな」というものがイメージできて、形だけであれば真似できてしまうのです。しかし、右打者であれば利き手も体の回転の向きも走り出す方向もすべてが違うので、たとえ同じ要素であっても「自分とは別のものを採り入れる」という感覚で見ることができます。そして「左打者に置き換えたらこういう感じかな」「これは右打者だからできる技術だな」と、視野が狭くならずに取捨選択ができる。だからこそ取り組みやすいわけです。

なお、僕の中では、右打者が内角球が来たときに軸脚を後ろへ引いて距離を取りながら打ったり、あるいは外角高めに対して体ごと寄っていき、そのまま走り出す感覚でグッと押し込んで打ったりするのは、右打者だからできることだと思っています。打ったら一塁へ向かって左回りに走るという競技の特性上、左打者はいざという

自分としっかり向き合うことを基本に置きながらも、他の選手から刺激を受けたり技術的なヒントを得たりすることもある。その中でしっかりと取捨選択をすることが重要になる

ときに体をパッと回転させやすいため、内角球に対して軸脚を後ろへ引く必要がありません。また外角高めに対しては体ごと寄って踏み込んだとしても、最後は体からバットが離れていきながら打つもの。そういう違いは認識しています。

“外向けの三日月”をイメージしてバットを内側から出す インサイドアウトの徹底で2015年からヒット数が激増

僕はもともと、外からいろいろな要素を採り入れるタイプではありません。他の選手のバッティングを見ながら「こういう使い方をしているのかな」と考えたりはしますが、そこを熱心に研究するわけではなく、基本的には自分と向き合うことを重視しています。試合後もマシン打撃などをしながら「どこで打てば気持ちよく動けるか」「どういう動きができていないのか」と自分に問い掛けていることが多いです。

振り返れば、昔から「誰かのフォームを真似して打ってみる」ということもほとんどなかったですね。ただ、そんな中でもやはり大きな影響を受けた人はいます。

たとえば子どもの頃は巨人の試合を観ることが多く、しかも親の刷り込みによって僕は物心がついたときからすでに左打ちになっていたので、左打者の高橋由伸さんや清水隆行さんのバッティングをよく見ていました。そしてフォームの真似をしたわけではありませんが、実際に僕が打つときは清水さんのように右脚をしっかり上げ、ステップと同時にバットが上からスパッと出ていくイメージを持っていました。

またプロ入り後の話だと、先に述べた2015年のスイングを作る際、僕が参考にしたのは銀次さん（元・楽天）と中村晃選手（現ソフトバンク）です。その当時はもう「自分と向き合っているだけでは限界が見えている。ここから先のレベルへ進むためには、いったん外のものを採り入れないとダメだな」という発想。自分の方向性は単打系のアベレージヒッターだと思っていましたし、なりたい打者のイメージとしてハッキリと浮かんだのがあの２人だったので、スイング軌道はよく見ていました。その意味では、西武時代にセンターを守っていたことも大きかったと思います。試合中も各打者のバッティングをほぼ真正面から見ることができるので、「この人はこういう打ち方をするのか」「こういうバッティングは守っていて嫌だな」という特徴が分かりやすい。外野でもライトやレフトでは角度が違うので、やはりセンターは得だと思います。

本題に戻りますが、銀次さんと中村選手の共通点は「どんなボールに対してもバットを内側から出せる」という部分。ですから、たとえ内角高めであってもレフト前やサードの頭上に打つことができます。僕の場合は手首をこねたセカンドゴロが多く、「いかに逆方向へ打つか」が課題だったので、２人のバットの使い方はすごく参考になりました。そしてボールの内側に入れるためには、上から叩くのではなく、バットを少し下から出してスイングのラインをボールの軌道に合わせていかなければいけない、と考えるようになりました。さらに取り組んでいるうちに、左手の使い方として「手首を立てて手のひらでボールを捕まえる感じではなく、手首を寝かせて手のひらが水平に出ていかないとダメだな」と。実戦では逆方向へのファウルを打つ感覚で、「三塁側ベンチの上にファウルを打てたら最高」。それくらい極端なイメージを持っていました。

それと意識の部分では「ボールの内側（右側半分）を見る」ということも大切です。良いときなどは自然とそれができているものですが、逆に「打ちたい」「当てたい」という気持ちが強くなるとボール全体を見るようになる。しかもバットを内から入れるとボールに対して擦る可能性もあるため、それを避けようとして、だんだんバットが外から入るようになってしまいます。しかし、当時の僕は「このスイングができなければもう終わりだ」という想い。だからこそ、とにかく「擦っても良いからバットを内側から出す」ということを徹底しました。

練習の中では、スイング軌道として“外向きの三日月”を描くイメージも持っていました。つまりバットが外から内に入ってきて、体の前を通ってボールの内側をとらえたら、また外へ向かっていく。現実的にはあり得ないのですが、僕にはそれがちょうど良かったですね。そして、上から叩いて外回りするイメージを払拭しようと、前のワキを空けてグリップを下げて振るようにしたため、先述した「体の右下からボールの内側を縦に切って左上へと持っていく」という感覚が生まれたわけです。

また、このバッティングでは下半身の使い方もすごく重要です。いくらバットを上手く出せたとしても、踏み込み脚がめくれて上体が後ろへ反るような動きが出ると、その場でただ回って下から上へ輪切りにするだけのスイングになってしまい、逆方向へ強く押し込むことができません。したがって、下がしっかり止まるということは大前提で、なおかつヒッティングポイントが後ろになりすぎないようにすることも大事。踏み込んだ右脚のヒザで下の動きを止め、とにかく体が正面を向かないようにした上で、スイングの半円の振

バットを内側に入れて外向けの三日月を描く打ち方のイメージ

り出しを投手方向へ少しずらすという意識を持つようになりました。感覚としては、体の面をずっと横に向けたままスイング。手だけを投手方向に出していって、打った後も体がまだ閉じているので右目の横から打球が抜けていくというイメージですね。

なお、練習でよくやっていたのは「縦打ち」(P161参照)。右ヒザを目がけてトスしてもらったボールの内側にバットを入れ、体の面がネットへ向いてしまわないように我慢しながら、打球を投げ手の頭上に返していきます。右ヒザとボールの隙間にバットを入れる

ような感覚です。もちろん、これは体の使い方を矯正するためのものなので、試合でも同じような意識をするわけではありません。ただ、無意識に振ってもインサイドアウトになるようにクセをつけておくことは重要。これを続けたことによって15年にはヒットの数が大幅に増えましたし、ボールの内側へバットを入れられるようになっていきました。その後は少しずつ他の練習も入れていき、タイミングよく振れるようになると17年以降には長打も増加（本塁打数は15年の14本、16年の11本に対して、17年は25本、18年は24本、19年は20本)。この取り組みは、僕の中で大きなターニングポイントの１つでもありますね。

こうして成果が出たことで「秋山翔吾」という選手の見られ方が大きく変わり、周りから求められることも増えていったと思います。期待してもらえることはすごくありがたいことで、僕自身、年数を重ねて少しずつ野球のことを理解するようになり、チームを背負いながら戦うという意識も芽生えていきました。ただ、だからこそ期待に応えられなかったときの悔しさもまた大きいですね。そして、自分にできることがあまり変わらなくても求められる器の部分は大きくなっていくので、「できないことはできない」と割り切っていながらも、オフ期間にはその器の中に必死に水を入れて何とか満たす作業をしなければならないという感覚があります。そう考えると、何年もずっと継続して同じことをやれる人はすごいなと思いますし、「今年はこの部分をさらにプラスしたい」と常に上を目指している選手もすごいなと。そういう世界で生き抜いていくためにも、僕はやはり日々の追求を止めるわけにはいかないと思っています。

CHAPTER. 3

スイング動作の理論と実践❶

【準備とタイミング】

「バッティングは全身を使って
“引く→ 行く”という動作をするもの。
自分のクセや傾向も織り込み済みで
体をコントロールできるようにする」

<打席での立ち位置>

捕手側のラインと本塁側のラインから それぞれ1足分離れる

ここからはバッティングの「理論」の部分を詳しく紹介していきます。ただし、何度も言うようですが打席での感覚やスイングの形などに絶対的な正解はないわけで、誰にでも必ず当てはまるとは限りません。あくまでも、僕が個人的にこれまで大事にしてきた考え方だと思ってもらえれば幸いです。

話を進めましょう。打席に入る際はまず立ち位置を決めます。僕の場合、基本的には左足（軸足）を打席の捕手寄りのラインから1足分離し、さらに本塁ベース寄りのラインからも1足分離してセット。左足の小指から打席の角までの空間でちょうど「一辺が30センチ弱の正方形」が作られるようにしています。

打席の中で捕手寄りに立つか、それとも投手寄りに立つか。プロの世界では、投手との距離を取ってボールをできるだけ長く見たいという理由から、捕手寄りのラインギリギリに軸足を置いている人がすごく多いと思います。中には打席を出なければ良いというルールのもと、ラインを踏んでいる人もいるくらいです。一方、僕も以前はやはり捕手寄りに立っていたのですが、現在は1足分だけ投手寄り。きっかけはたしか2021年のオフ、スポーツ紙の対談企画で高橋由伸さん（元・巨人監督）とお話をさせてもらったことです。当時、由伸さんは「自分は前のほう（投手寄り）に立ちたいタイプ」だと仰っていて、その意図としては、自分が前に出ることで一塁線と三塁線に挟まれたフェアゾーンが視覚的に広がるのだと。もちろ

ん、逆にリスクとしては投手に近づく分だけボールが速く感じてしまうのですが、それも理解した上で、やはりヒットゾーンを広く感じるイメージを優先したいとのことでした。そこから「なるほど。ちょっと前に立ってみようかな」と考え、僕も少しずつ試すようになったのです。そして23年のシーズンは、左足をずっと投手寄りに置いていました。

さらに僕の場合、投手寄りに立つ理由がもう１つあります。特に対左投手――いわゆる“左対左”の対戦のとき、捕手寄りに立っていたら角度のある外角球の見極めが難しくなってしまうからです。どういうことかと言うと、捕手寄りに立つと本塁ベースが常に視界の左下のほうに入るため、本来は自分とボールとの距離感を大事にしたいのに、どうしても「実際にベース上に乗っているかどうか」のほうが気になってしまう。ハッキリと見えているからこそ、何となくすべてのボールがベース上に乗っかっているように錯覚してしまうのです。しかも外角ギリギリでストライクゾーンに触れるかどうかという場合、そもそもボールとの距離や角度があって判断が難しいものなので、ボール球でも「ストライクかもしれない」と感じて思わず手が出てしまいます。

つまり、自分が持っているストライクゾーンの感覚でしっかりジャッジするためには、むしろ本塁ベースは視界に入らないほうが良いのではないかと。基本的にはすべてのボールを打ちに行きながら、自分が「ストライクだ」と思ったらそのまま振り、「ボール球」だと思ったら振るのを止める。その感覚を大切にしたいので、僕は投手側へ寄って立つようにしました。なお、どんな立ち位置であっても自分のポイントで打つということは変わらないため、打ちや

▶以前の立ち位置

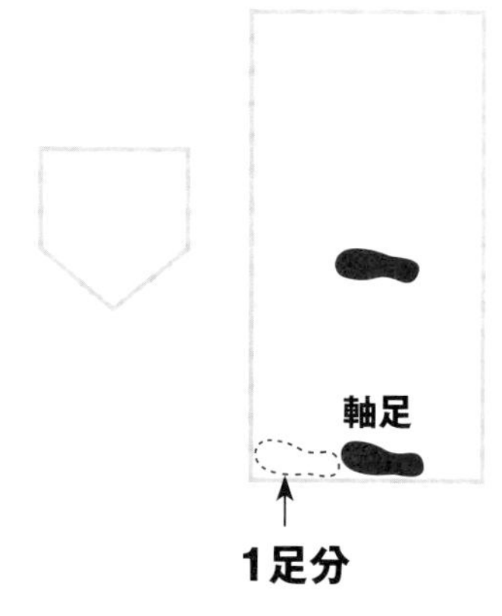

▶現在の立ち位置

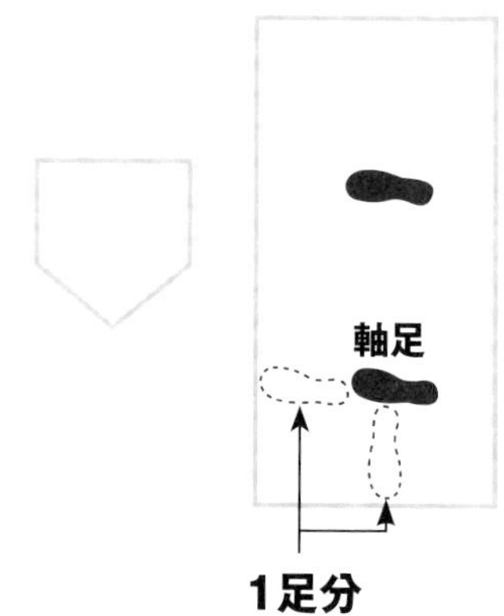

本塁ベースが見えていると、外角の際どいボールもすべてストライクゾーンに乗っているように見えてしまう

本塁ベースを視界から消すことで、外角の際どいボールに対して自分のストライクゾーンの感覚で見極められる

すさという部分はあまり考慮しなかったのですが、変化球に関しては、曲がり幅や落ち幅が大きくなる前に処理できるというメリットもあると思います。

一方、本塁ベース寄りのラインから１足分離れているのは、自分がイメージしているストライクゾーンの感覚を実際のストライクゾーンと合わせるため。僕の中では外角の際どいコースへ投げられたとき、ストライクかボール球かを判断する上ではこの距離感がちょうど良いのです。また、遠すぎると感覚がズレてしまうので１足分よりも離れることはないのですが、西武時代などはベース寄りに半足分ほど詰めたり、あるいはラインギリギリに立つなど、状況によって距離を縮める調節もしていました。その意図は、結果が出ていないときに景色を変えることで打ちやすいイメージを作りたいから。逆に上手く回っているのであれば、もちろんベースとの距離は変えません。

ちなみに、球場によってはラインの引き方が少し変わることもあるので、打席に入る際はいつもバットの先を本塁ベースにポンッと置き、距離感をしっかり測ってから左足の位置を決めています。23年シーズンは投手寄りに立っていたため、バットを合わせるのは外角の投手寄りの角（左打席から見て右上の角）。22年までは捕手寄りに立つことを基本としていたため、外角の捕手寄りの角（左打席から見て左上の角）に合わせていました。

さて、先ほど言った“調節”についても詳しく説明します。おそらく一般的には、外角が苦しいときはベースに寄ることでバットが届くようにして、内角が苦しいときはベースから離れることでバットを通しやすくするという考え方が基本になっていると思います。しかし、僕の場合は西武時代にあえて逆のことをしていました。つまり、「外が苦しいなと思ったらあえて後ろへ下がる」「内が苦しいなと思ったらあえてベースに寄る」。これは、とにかく「自分がクリーンに振れるところを振っていく」という意識に切り替えるための

捕手寄りの立ち位置

外角の捕手寄りの角にバットを置いてストライクゾーンの距離感を合わせる

捕手側のラインのギリギリに軸足を置いて構える

捕手寄りに立つことで投手との距離を取ってボールを長く見られる

投手寄りの立ち位置

外角の投手寄りの角にバットを置いてストライクゾーンの距離感を合わせる

捕手側のラインから1足分離れた位置に軸足を置いて構える

投手寄りに立つことでヒットゾーンが広く感じられる

もの。要は、打ちにくいところを少しでも打ちやすくするのではなく、むしろ捨てていくという発想です。

たとえば前者なら「外角の厳しいコースを打ちやすくしたところでどうせファウルにしかならない。それならば外角を捨て、ベースから離れて内角に来たボールをど真ん中くらいの感覚で打てるようにしよう」と。その結果、内角ギリギリのボールが自分の中では「内角甘め」になり、内角甘めのボールが「真ん中付近」になる。そうやって打ちやすくしたものをしっかりとらえていくわけです。もちろん、そこで外角に投げられてしまったら終わりなのですが、「バットが届かないからそもそも無理なんだ」という状況を作っておけば割り切れます。

逆に後者の場合はどうか。こちらも基本的には「ベースから離れたところで内角の厳しいコースは苦しいのだから、あえてベースに寄って内角は捨てる」という考えですが、外角のボールを打ちやすくするというよりは「バットが前（投手寄り）へ届くようにしてスイングしやすくする」という発想でもあります。と言うのも、ベースに寄った場合は自然と上体が前傾してやや覆いかぶさる形になり、頭の下を通ってきたボールがすべて内角へ来たように見えます。そして当然、真ん中付近のボールも少し苦しくなる。ただ、その状況でストライクゾーンを意識すると、「詰まりたくない」という本能が働いてスイングの始動やバットの出が反射的に早くなり、投手寄りに空間を作って振ることができるのです。

内角を上手くさばけていないケースの多くはそもそも体の前にバットを通せていないものですが、その動作を意識してすぐ修正するのも難しい。だからこそ「早く振らないと絶対に詰まるよ」という苦しい状況をわざと作り、体の反応を引き出すわけです。この方法にはもちろんリスクもあり、通常よりも前で打つ感覚になるため、変化球に対しても早めに判断をしなければなりません。特に外のボール球ゾーンから巻いてくる変化球や膝下へ落ちる変化球などには対応が難しくなるので、「変化球が来たら崩されながらも何とか粘るしかない」と目を瞑れるかどうか。その勇気も必要です。

なお、現在の僕はクロスステップする傾向があるため、ベース寄りに立ったらおそらく右足を踏み込むときに打席のラインを越えてしまう。ですから、1足分離れるというのが通常です。

外角が苦しいときの立ち位置調節

ベースから遠ざかり、あえて外角を捨てることで、真ん中から内角寄りのボールをとらえる確率を高める

内角が苦しいときの立ち位置調節

ベースに近づき、あえて内角に詰まりそうな状況にすることで、本能的にスイングの始動やバットの出を早くする

<全体の構え>

軸脚と踏み込み脚のバランスは「9:1」からほぼ「5:5」へ

バットの先をベースに置いて軸足の位置を合わせたら、構えに入ります。軸足は床の上に足裏の全面が着いているような感覚で、できるだけフラットに立つのが理想。近年はどの球場も土が硬めなのであまり掘られることはないのですが、昔は全体的に土が柔らかくて、各打者が打席に入るたびにつま先側を深く掘ることも多かったため、僕はあえてカカト側を掘って足場がなるべくフラットになるようにしていました。また、バッティングというのは本塁ベース上に来たボールを打つわけで、少なからず前（ベース寄り）に体重がかかって勝手につま先も入っていくもの。そこで最初からつま先側に体重をかけていると体が前傾しすぎてしまうので、今もあまりつま先側を掘らないようにしていますね。バランスとしてはむしろ、ややカカト寄りに体重が乗っているくらいのイメージがちょうど良いです。

さらに体重の乗せ方で言うと、僕は以前にも説明したように2023年の前半と後半で打ち方を変えているので、時期によって構えにおける両脚のバランスも違います。

シーズン前半の構えは上体を真っすぐ伸ばして立ち、軸脚側にしっかり重心を置いて、踏み込み脚は補助として地面につま先を着ける程度。極端に言えば、左半身だけでドーンと立っているところに右脚がくっ付いているというイメージで、「軸脚：踏み込み脚」の割合は「9：1」くらいです。この場合は体重をあらかじめ左脚に乗せているので、右脚をゆったりと上げてスイングの“間”を長く取れますし、勢いもつけて打つことができます。ただし、頭の位置が高い状態から重心をグッと下げて打ちに行くわけで、少なからず体の上下動があってブレやすくなります。そしてスイング全体の時間が長くなる分、タイミングを崩されやすいというリスクもあります。

一方、シーズン後半の構えはスタンスをやや広げて重心を落とし、頭を少し前に倒して上体を傾ける。このときは「投手方向に頭が突っ込んでも構わない」と考えていて、パッと踏み込み脚を上げたらすぐ打ちに行くので、軸脚に体重をしっかり乗せながら打つという感覚はありません。バランス的にはやや軸脚寄りですが、「軸脚：踏み込み脚」は「6：4」か、もしくはほぼ「5：5」。重心を体の真ん中に置き、両脚フラットで二等辺三角形を作って立っているイメージです。それでも僕は普段から右脚をしっかり上げる傾向が強い分、いったん重心が後ろへ戻って体重が左脚に乗るのですが、あらかじめ重心を低くしているので早めに下半身の準備ができていて、上体の姿勢をキープして下から上へ持ち上げるスイングはしやすくなります。また、目線のブレも少ないですし、軸脚にかかる負荷を両脚に分散させることで疲労も溜まりにくい。そのあたりは大きなメリットと言えます。ただし、短い時間でパッと脚を上げてすばやく動かなければならないわけですから、体が倒れ込んで突っ込みやすいというリスクもあります。

２つの打ち方はやはり、いずれも一長一短です。間合いをしっかり取って自分のスイングをしたいときは前者のほうが良いですが、クイックなども含めて投手のすばやい動きに対応しやすいのは後

2023年シーズン前半の構え

上体を真っすぐ伸ばして、軸脚寄りに「9：1」のイメージで立つ
右脚をしっかり上げてスイングの間合いを取りながらステップ
重心を低い位置に移動させながらしっかり踏み込んで打つ

2023年シーズン後半の構え

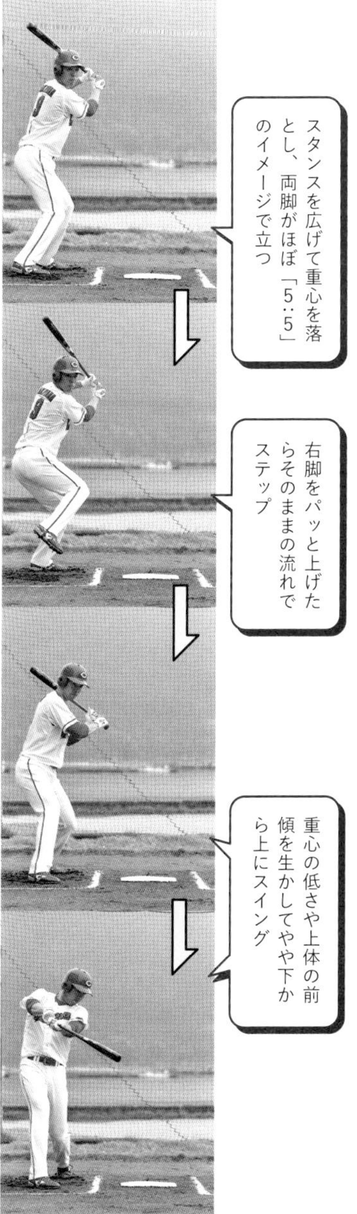

スタンスを広げて重心を落とし、両脚がほぼ「5：5」のイメージで立つ
右脚をパッと上げたらそのままの流れでステップ
重心の低さや上体の前傾を生かしてやや下から上にスイング

者。ただ僕も悩みに悩んでようやく決断したわけで、ここまで極端に大きく変えるのは勇気が要ります。したがってシーズン途中までは、重心の位置だけを調節することでクイックなどに対応していました。ポイントは軸脚側のヒザの曲げ具合。通常は左ヒザがやや伸びた状態で体重を乗せやすいようにしていますが、クイック対策の場合は動きを小さくしたいので、あらかじめ左ヒザの角度を深くしておく。そうすると必然的に重心が低くなり、右脚を早く着くことができます。すり足やノーステップができれば良いとは思うのですが、僕は根本的に右脚を上げて手の動きを引き出さなければ強く打てないタイプなので、こうした左ヒザでの使い分けが重要になります。

それと重心を下げるためにはやはり、スタンスを広げるという方法も有効です。そもそも「軸脚：踏み込み脚」を「10：0」で打つ場合は横のブレを少なくしたいので、スタンスを狭くしたほうがやりやすい。そこから「9：1」「8：2」「7：3」……と考えていくと踏み込み脚に意識が向かう分、自然と少しずつ両脚を開いていくようになります。そうやってイメージが連動しやすいからこそ、スタンスを広げるだけで頭の位置や体の重心も低くなるのです。

と、ここまでの話を総合して考えると、本来は「10：0」や「9：1」のイメージを持ちながら、なおかつ軸脚側のヒザを少し曲げて重心を下げたままキープできれば、横のブレも上下のブレも少なくて済むので理想的と言えます。ただし、実際にはすごく難しいところです。打者というのは両打ちを除けば1つの回転方向にバランスが偏った状態でバットを振り続けるわけで、特に軸脚には大きな負担がかかるもの。ましてや軸脚に乗せる意識を強く持ってスイング

を続けていれば、より疲労は溜まっていきます。すると次第に我慢が利かなくなり、楽に立とうとして軸脚側のヒザが伸びていったり、またいつの間にか踏み込み脚にも体重を乗せるようになったりするのです。前にも言った通り、こうした疲労で打撃が崩れていくケースも非常によくあります。

ちなみに疲労が溜まってもなお、この姿勢をずっとキープして打っているのがオリックスの森友哉選手です。彼はヒザをしっかり曲げて低い姿勢を作りながらも、「9：1」くらいの割合で軸脚側に体重を乗せ続けています。普通は少しずつヒザが伸びてしまうものですが、下の土台がまったくブレない。だから結果が残るのだろうと思います。

通常の構えにおける軸脚

左ヒザをやや伸ばした状態で体重を乗せやすくする

クイックに対応するときの軸脚

左ヒザを曲げる角度を少し深めにして重心を下げる

<バットの握り方と位置>

右手は手のひら寄りでしっかり握る
左手は指先寄りで緩めて握る

バットの握り方についても説明しましょう。僕の場合、右手（ボトムハンド／引き手）はしっかり握り、左手（トップハンド／送り手）は緩めておく。そうすることでヘッドが走りやすくなるという感覚があります。

良いときの状態としては左手では指の付け根か、あるいはもう少し指先寄りで握れていますね。そして手元にはまったく力が入っておらず、自然とバットがしなっていくイメージです。逆に悪いときは左手に力が入り、手のひらの中心寄りで握るようになります。どこかに不安を抱えているときというのは、バットのしなりを利かせることよりもとにかく「強く振りたい」「強くとらえたい」と力感を重視してしまいがち。実際、指先で握るときは力が入りにくくて不安定ですが、手のひらの中心でギュッと握ると人さし指から親指までのラインにグリップが当たったときに力がグッとかかるので、安心感は得られます。ただ当然、それだとインパクトへ向けてガツンと強くぶつけるだけになり、ヘッドは勢いよく走っていきません。さらに言うと、真横から見たときに左手首が真っすぐ伸びて左手の甲がしっかり見えていたら、左手をグッと中に入れ込んで力んでいる状態になります。だから左手首は少し緩め、やや反り気味（背屈）にして自由に動かせるようなイメージを持っています。

一方、右手はグリップエンドから指１本分を空けていて、場合によっては２本分など、さらに短く持つこともあります。投手のス

ピードに合わせるというよりも、その日の状態を踏まえて自分が操作しやすいかどうかで調整していますね。また、人によっては小指側だけ強く握るというケースもあると思いますが、僕は右利きということもあり、送り手よりも引き手のほうでリードしてバットをコントロールする感覚が強い。だから全体的にしっかり握っていて、握る場所は指先ではなく、やや手のひら寄りになっていると思います。ただし、バットと手の間に少し余裕を持たせておくことも大事

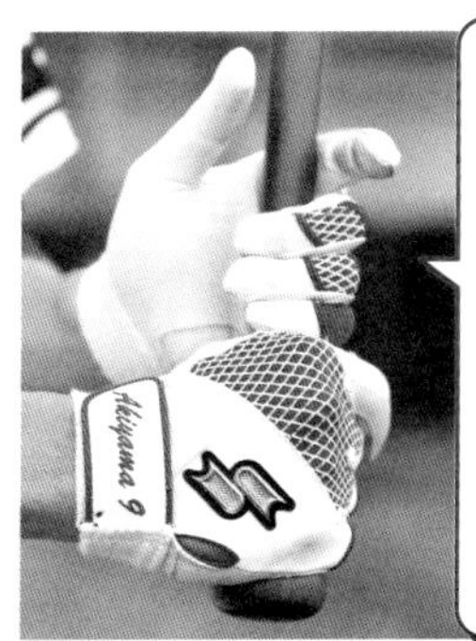

左手はヘッドを走らせるために力を緩めておき、自然と指の付け根あたりから指先寄りで握る

右手は手のひら寄りの位置でしっかり握りながらも、少しだけ空間の余裕を持たせる

両手の基節骨のラインが自然と真っすぐに揃い、手首がやや反った状態で自由に動かせるイメージ

です。まったくブレないほどガチガチに固めてしまうよりは、少しフワッと握っていて、下半身の重心の動きやバットの重さによって勝手にゆらゆらと揺れるくらいがちょうど良い。そうすると、打ちに行くときも自然と動きに幅が出てくれるのです。したがって、滑り止めスプレーなどでグリップをベタベタにして固めたりもしません。あくまでも安心感を得るために、シュッと１回吹きかける程度ですね。

両手の合わせ方としては基節骨（第二関節と第三関節の間の指）のラインが真っすぐに揃っていますが、決して意識しているわけではありません。それよりもパッと握ったときに左手が緩んでいることのほうが重要。僕の場合は手首が真っすぐか、やや反っているくらいがちょうど良い。だからと言って両手首を内側にキュッと絞るわけでもなく、ごく自然に構えています。また、僕は打席に入ったらいったん両肩を上げながら背中を反り、そこから姿勢を戻して両肩をストンッと落として構えるのですが、このタイミングに合わせてバットを１回グッと強く握ってからパッと緩める。そうすると、一番良い力の抜き具合になってくれます。最初から完全に脱力していると逆に緩みすぎてしまうので、ちょうど良い力加減というのが大事です。

さらにグリップの位置ですが、これを気にするとやはり手でバットを操作したくなってしまうので、特に意識はしていません。結局のところ、バットが自然と振り出せる位置であればどこでも良い。映像などで見る限りだと、僕の場合は肩の高さで耳の横あたりに置いていることが多いです。

ただし、ヘッドの位置については状況によって変えることがあり

ます。通常はバットのヘッドを頭の後ろへ持っていき、投手側にグッと入れて構えていますが、「ボールを後ろで受けすぎているな」と感じたときはヘッドを斜め後ろへ倒し、捕手側に寝かせて引くイメージで構える。そうするとバットをスイングのラインに入れやすくなり、手が早めに体を通り越してヘッドもスムーズに前へ持って

バットをグッと強く握りながら高く上げていく
打席に入ったらいったん背中を反ってバットを担ぐ
両肩をストンッと落としてフッと一気に緩めればちょうど良く力が抜ける
体勢を真っすぐに戻していく

行けるのです。もちろんこれも一長一短で、バットをあらかじめ捕手側に倒しておくということはヘッドが頭の後ろから回っていく動きを省くわけですから、遠心力があまり働かず、飛距離は出にくくなります。逆にヘッドを投手側に倒している場合は動く距離が長い分だけ遠心力が使えますし、スイング自体が強くなるので、ボールにやや差し込まれるくらいならしっかり弾き返すこともできます。

**通常の
構えのイメージ**

左ワキを空けてグリップを自然な場所に置き、バットのヘッドが頭の後ろに入る

**バットの出を促す
構えのイメージ**

バットのヘッドをやや捕手側に倒して寝かせることでスイング軌道に入れやすくなる

だから僕も実際、１打席や１試合ごとにコロコロ変えたりしているわけではなく、基本の構え方は変わりません。ただ、あまりにもバットの出が悪くてボールに体重を伝え切れないことが続くのであれば、バットを少し前へ引っ張って行きやすいようにイメージを変えることもある。スイング修正の引き出しの１つですね。そして、これはあくまでもイメージの話。映像で観てみると、自分の中ではヘッドを寝かせているつもりでも、実際には脚を上げたときの体の捻れなども影響してまだ頭の後ろに少し入っています。つまり、もともとヘッドが入りすぎてバットの出が悪くなっていたものが、「捕手側にヘッドを倒す」くらいの意識をしたらちょうど良い角度に修正できた、ということだと思います。

ちなみにバットがどんな状態であっても、左（軸脚側）のワキは空けています。スイング動作ではインサイドアウトをするためにも体の前を左ヒジが通っていくという動きがすごく大事なのですが、最初から左ワキをギュッと締めているとそのまま窮屈になり、それでも何とかバットを出そうとして体が寝てしまいやすいのです。もちろん、最終的にヒジを上手く抜ける人であれば問題ないと思いますが、僕の場合は「左ワキを空けているからこそ、次の動作で締めることができる」という考え方です。ヒジの抜き方に関してもお話しすると、いわゆる“トップ”の状態から打ちに行く瞬間、ヒジが体のラインにしっかり入ってそのまま前に出てくるかどうかがポイント。たとえ最初は体のラインよりも後ろにヒジを引いていたとしても、いざ打つときに体の前を通すことさえできれば、バットが内側から出てヘッドが前へ走っていくわけです。逆にバットが出ていくタイミングになってもまだ体のラインより後ろにあった場合は、ヒジが体の側面にぶつかって止まります。そして体ごと回して振ることになり、バットが後ろから出るので遠回りしてしまう。そこは注意が必要ですね。

○ インサイドアウトのスイング

ヒジを体のラインより後ろに引いていても、打つときに体の前を通すことができれば、バットが内側から出てヘッドが前で走っていく

× バットが遠回りしたスイング

打つときにヒジを体のラインより後ろに引いたままだと、体の側面にヒジがぶつかって動きが止まり、体ごと回すしかなくなってしまう

<テークバックとタイミングの取り方>

「引く→行く」のリズムで 投手のお尻が落ちるタイミングに合わせる

テークバックを取って打ちに行くとき、一般的には上下が逆方向にしっかり捻れている「割れ」の状態を作ることが大事だとよく言われます。ただ、僕は意識していません。そもそも「割れ」は自分から作ろうとするものではなく、自然と作られるものだからです。

僕は基本的な考え方として、バッティングというのは全身を使って「引く→行く」という動作をするものだと思っています。「引く」では、左脚に体重を乗せながら左手も一緒に引いていく。「行く」では、右脚を前に出して体重を乗せながら右手も一緒に出していく。体重移動としてはこの方法が最もロスが少ないでしょう。そして「割れ」というのは、踏み込んだ右脚を着いたときに上の動きが自然と遅れてまだ後ろに引かれた状態になっているので、ヒッティングポイントまで距離が取れているということ。あくまでも、その瞬間の写真だけを切り取って「割れている」と表現しているのです。

だからと言って、もちろん「割れ」を意識しないことが正解だとも言い切れません。たとえば大谷翔平選手（ドジャース）などは踏み込み脚を着いたときに上体を後ろへ引きながら深く捻っているように見えますし、そうやって「割れ」をしっかり作ってヒッティングポイントまでの距離を最大に取れているからこそ、より大きなパワーを生み出せているのだとも思います。ただし、彼の場合はそもそも止まったところからでも振り切れるだけの力を備えていて、なおかつ体の使い方も上手なので、いったん力をフッと緩めながらバットを加速させることもできるのだと思います。一方、多くの選手は上体を後ろへ引こうとすると動きがピタッと止まってしまいがちで、そこから大きな力を生み出すというのもすごく難しい。僕もやはり「割れ」を作ろうとすると動きが止まってしまうタイプなので、動きながら「引く→行く」というリズムを大事にしています。そして間合いを作るときにも言いましたが、「割れ」の部分でもオススメはウォーキングのティー打撃（P157〜158参照）。歩きながらテークバックを取って後ろに体重を乗せ、前に出ていきながらスパーンと振る。ノックを打つときと同じように手を後ろへ引くことになるため、動きを止めずに自然と「割れ」の状態が作られていきます。

　なお、バッティングのポイントとして「トップの形」という言葉もよく知られていますが、これもまた自分で形を決めて作るものではなく、自然と作られるもの。あくまでも、一連のスイング動作における通過点です。僕の中では、たまたま真横から撮られた写真を見たときに「バットが一番離れている位置がこのときのスイングのトップでした」という解釈なので、わざわざ「この瞬間がトップだ」などと決める必要もないと思っています。そもそも「割れ」と同様、決まった形を作れたとしてもいったん動きが止まってしまったら意味がないわけで、常に動き続けてスムーズにバットを加速させていくことのほうが重要。これまで指導者の方々からは「バットを引いたときに動きを止めてはいけない。形がバシッと決まっているように見えているだけで、実際にはみんな動いている」と言われてきましたし、周りの選手を見ていても、たとえば岡本和真選手（巨人）や柳田悠岐選手（ソフトバンク）などはいったん力を溜めて止

まっているように見えますが、バットはやはり動き続けています。

さて、タイミングを合わせる際のポイントは以前に説明した通り。基本的には投手の「脚が上がる」「お尻が下がる」に合わせて「引く」「行く」を調節するのですが、2023年の僕はシーズン途中にフォームを変更しているので、その前後では脚の使い方が違います。「9：1」の割合で立っていた“変更前”のフォームでは、左の足裏全面で体のバランスを取って重心を受けている感覚。ヒザや股関節をグッと入れ込んで軸脚側に体重を乗せていく人もよくいますが、僕の場合、それをやるとどうしても捻りを使って大きく回しながら打つイメージが浮かんできてしまうので、採り入れませんでした。右脚を上げて立つときは、左の足裏全体の上にしっかり足首、ヒザ、股関節が乗り、上からクッションを押すようにグッと体重を掛けていきます。そして、投手のお尻が落ちてくるタイミングに合わせてこちらも右脚を踏み込みながら打ちに行く。タイミングの合わせ方としては、その部分に集中していました。

一方、ほぼ「5：5」に近い割合で立っていた“変更後”のフォーム。まずは両脚均等にバランスを取って立っているだけなので、どちらかに体重を乗せているわけではありません。そこから投手が脚を上げたら右足をポンッと踏み、向こうのお尻が落ちてきたらパッと右脚を上げて左脚に体重をグッと乗せる。頭がブレるのは良くないので「右→左→右の体重移動」とまでは言いませんが、右脚でワンクッションを入れてから上げることで勝手に左脚に体重が乗る、という感覚です。僕の周りでも西川龍馬選手（オリックス）や近藤健介選手（ソフトバンク）などがこういう打ち方をしているので、わりと受け入れやすかったですね。

ちなみに、止まっているところから右脚をその場でただ上げ下げするだけだと、体重が前にズドンと乗って投手方向へ突っ込んでいくリスクが高くなってしまうので、僕は右脚を踏んだ後に１足分ほどスッと左に寄せて、動きながら上げるというリズムにしています。わずか１足分とは言え、１歩引いて少しでも歩幅を狭くしておくことで動きのブレを小さくして脚を上げる時間も確保できるので、僕にとってはすごく大切な要素。車のブレーキを離した状態でスーッと徐行運転しながら待ち、右脚を上げてから少しずつアクセルを踏んでいくというイメージですね。

投手のフォームや間合いというのは実にさまざまです。ひと昔前まではそれでも多くの投手がしっかりと脚を上げるなど、投げ方の部分ではわりと統一されていたような気もしますが、昨今は二段モーションや走者なしクイックも決して珍しくありません。逆に言えば、短い間合いでも強いボールをしっかりコントロールできる技術の高い投手が増えてきたということなのですが、そうなると打者は、投手の「脚を上げる」というタイミングに合わせるのは難しいでしょう。ただ、どんな投げ方であっても「お尻が落ちる」という動作は必ずあります。したがって、投手のお尻が落ちてくるタイミングに合わせていかに自分のスイングをぶつけていけるか。今の野球においては、打者はそこに集中するのが良いのではないかと思います。

そう考えると、脚を上げる動作はできれば削ったほうが良いのかなという想いもありますね。僕も23年のシーズン後半は「ダメ元で良いから重心を下げて脚上げを削ってみよう」という覚悟でフォーム変更をしていますし、それによって実際、タイミングに苦労しな

くなったという部分もありました。ただし、バッティングというのは必ずしもフォームにムダがなければ結果が残るというわけではなく、むしろムダな予備動作などがあったほうが良い人もいます。技術は基本的には「シンプル・イズ・ベスト」だと言われていますが、たとえ理論上は余計な動作だったとしても、それが自分にとって必要なものであれば省かずに残したほうが良い。ムダな動きがあるからこそ体のバランスが上手く取れて、動きが固まらずに良いリズムで打てたりするケースもよくあるのです。

僕の場合は右脚を上げた後、いったん真下にグッと降りてから「L字」に出ていくというのが大きな特徴。パッとすぐに着地したほうが動きのロスは少ないため、一見するとムダがあるようにも思えますが、無意識に「L字」の傾向が出ているときは投手との間合いがしっかり取れています。またスイング軌道で言うと、たとえば「コンパクトに振ろう」として実際にバットを最短ルートで出せたとしても、場合によっては自然と二段トップ（トップの状態からスムーズに打つのではなく、さらにもう一度バットを入れてから打ちに行く）になってしまうこともあります。そうなると結局、上手く操れないところへバットが出てしまう。であれば、むしろ早い段階からゆっくり動き始めておいて、スイング自体は遠回りで時間がかかったとしても自分がしっかりコントロールできるところにバットを出していくほうが良いでしょう。

人によっては「コンパクトに振って体を開かないように」と強く意識するあまり、体の動きを極端に制限しながら振っているケースもよくあります。しかし、そこまでギューッと締め付けすぎていると、逆にパーンと解放したタイミングでは大きな反動が生まれ、最後は本能任せでコントロールができなくなってしまいます。したがって、体を開きたくないのであればむしろ最初からあえて開いておき、その後に自分がどういう動きをするのかを理解した状態で振っていくほうが良いと思います。大切なのは、何でもかんでもム

2023年シーズン前半の打ち方

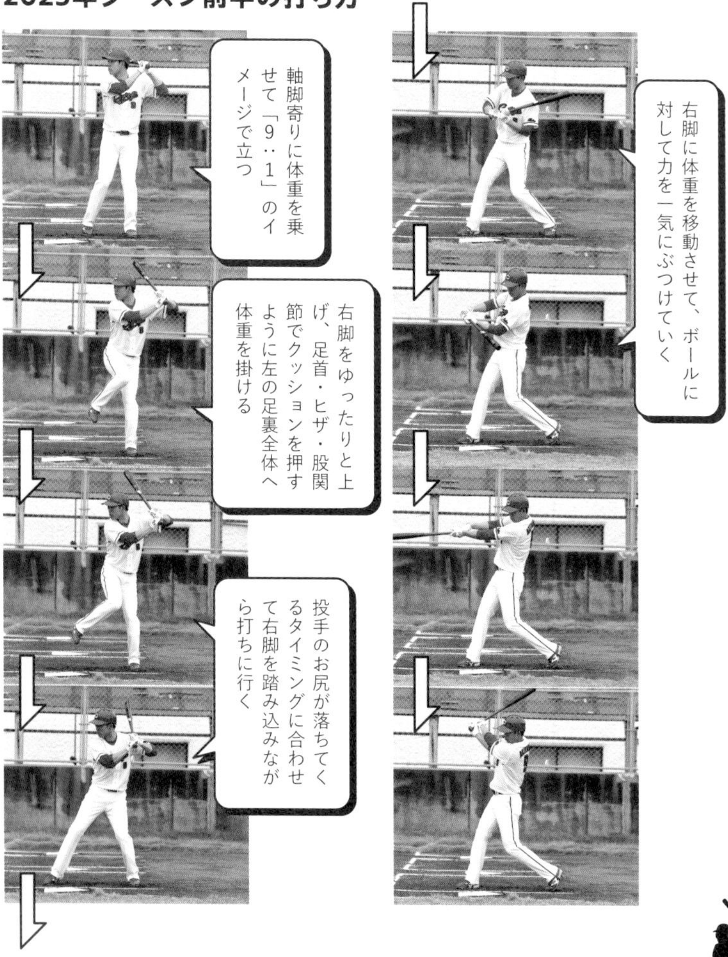

軸脚寄りに体重を乗せて「9：1」のイメージで立つ

右脚をゆったりと上げ、足首・ヒザ・股関節でクッションを押すように左の足裏全体へ体重を掛ける

投手のお尻が落ちてくるタイミングに合わせて右脚を踏み込みながら打ちに行く

右脚に体重を移動させて、ボールに対して力を一気にぶつけていく

ダを削いでとにかくシンプルなフォームを追求していくことではなく、自分のクセや傾向も織り込み済みで体をコントロールできるようにすること。その部分をしっかり把握できているのであれば、余計な動作があっても決してムダではないと思います。

2023年シーズン後半の打ち方

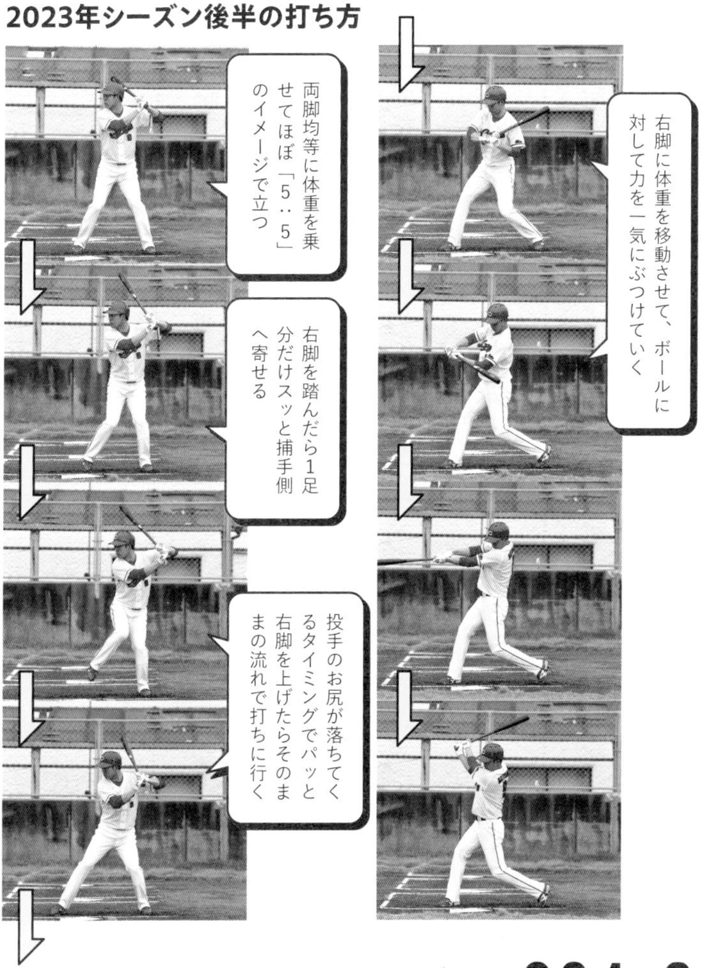

両脚均等に体重を乗せてほぼ「5：5」のイメージで立つ

右脚を踏んだら1足分だけスッと捕手側へ寄せる

投手のお尻が落ちてくるタイミングでパッと右脚を上げたらそのままの流れで打ちに行く

右脚に体重を移動させて、ボールに対して力を一気にぶつけていく

CHAPTER. 4

スイング動作の理論と実践❷

【上半身と下半身の動き】

「楕円形スイングでボールを押して、
インパクト前後での振り幅を出す。
体重移動では“行く”と“受ける”の
ちょうど良い加減を探ることが重要」

Be a driver.
AKIYAMA
9
29

<バットの振り出しとインパクト>

体の右側の「90度のライン」でとらえ、楕円形のスイングで押し込む

この章でも引き続き、バッティングの理論について説明していきます。

スイング動作というのはわずか一瞬のうちに行われるため、頭の中でのイメージと実際の動きには少なからずギャップが生まれるものです。特にバットの振り出しなどは顕著で、スイング軌道というのは投球のラインに合わせて「やや下から振り上げていく」のが理想的だと思いますが、そんな中でも自分の感覚として「上から振り下ろす」というイメージを持っている人が非常に多い。下から持ち上げることを意識すると実際にはバットが下がりすぎてしまうため、上から叩いていく感覚くらいでちょうど良いわけです。さらに細かく言うと、ストライクゾーンはそもそも肩よりも下にあるので、出だしはやはり「上から振る」。そして、バットを投球のラインに入れたら「下から振る」。これが正確な表現だと思います。僕の場合も、下から振るイメージは持っているものの、振り出しだけはやはり上からですね。だからと言って、構えた位置からバットがズバッと直線的に出ていくわけではなく、やや遊びがあって少しずつ両手が寝ながら弧を描いて出ていくのですが、ただ、完全に寝るということもありません。弧を描きながらも少し手首を立てた状態はキープし、インパクトへ向けてバットを前へ引っ張っていくという感覚です。

また、振り出しについて大きなポイントにしているのは「右足

（投手側の足）を踏んだら右手（投手側の手）が下りていく」ということ。バッティングは「引く→行く」というリズムが基本だと先述しましたが、やはり体重移動の部分で言うと、踏み込み脚に体重を乗せていく段階でまだバットが後ろに引かれた状態になっているようでは、その後の上体の動きが間に合いません。僕の場合、ステップをしてまずは右足のつま先が着地し、そこから右足のカカトを踏み込んで体重移動が始まるので、タイミングとしては“右ヒジの落ち”と“右カカトの落ち”を同時にすることが大切です。

ハンドリングに関しては、僕は右投げ左打ちということもあって右手でリードする傾向が強く、「引き手（右手）でバットをボールの内側に入れていく」という感覚があります。もちろん左手の使い方も重要ですし、左ヒジが体の前にグッと入ることでバットが前へ

カカトを踏み込んで体重移動を開始し、同時に右ヒジを落としていく

「引く→行く」のリズムで打ちにいって、右足のつま先を着地

出ていくわけで、その動きを磨くために片手で打つ練習（P156参照）などもしています。また、たとえば「送り手（左手）でボールを捕まえる」という感覚を重視してみたりと、さらなるチャレンジも重ねているところです。ただし、左手首をこねてしまうのが僕の悪いときのクセ。ですから基本的には、左手は「手のひらを開いたまま打ちに行く」くらいのイメージですね。僕の場合は「左手で打つ」という意識を強く持ちすぎていると、腕相撲で力を入れるときの要領で、ボールをとらえたところから左手首がすぐに起きてしまう。しかし、左手をパーの状態にしておけば、手のひらに乗っているバットが皿の上を勝手に転がって走っていくのではないか、と。そういう遊びの部分によってバットのしなりを引き出したいからこそ、あらかじめ左手を緩めて構えているわけです。

とは言え、このイメージだけだとボールに押されてしまうこともあり、力を加えようとしてやはり手首が起きてしまいます。したがって、体の面に対して90度のライン（体の右端のライン）でとらえることを基準として、それよりも先（投手方向）に両手を早く出していくことが重要です。ボールをしっかり引きつけて打つことは大事なのですが、力のあるボールを体の中まで入れてとらえた場合、そこからはどうしても両肩の入れ替えや体の回転で持っていくしかありません。一方、両手をすばやく右端のラインに持っていくことができれば、前にヘッドを走らせながら強く弾き返していけます。そのためにはもちろん、左ヒジを体の前にしっかり入れていくことが不可欠です。

そしてボールをとらえた後は、打球が出ていく方向にヘッドが抜けているかどうか。インパクトからすぐ手首が返ってバットが戻っ

右手(引き手)を使うイメージ

右手でリードしていく感覚が強く、右カカトの踏み込みと合わせて右ヒジを下ろしながらバットをボールの内側に入れていくイメージ。ワキを少し空けておくほうがボールのラインに入れやすい

左手(送り手)を使うイメージ

左手でボールを捕まえる感覚を重視するときもあるが、基本的には緩めておいて、手のひらを開いたままバットが皿の上を転がっていくイメージ。左ヒジは体の前にしっかり入れる

てくるのではなく、ボールを乗せてからさらにグッとひと押しする感覚を大事にしています。つまり、自分の体を中心にして円形を描くようにバットを振るのではなく、左ヒジが体の前に抜けていき、打球方向にバットが伸びて楕円形を描いていくスイング。僕の中ではレフト・センター・ライトの3方向にそれぞれボール2個分を打ち、「当たる→押す」という感じで力を加えるイメージですね。

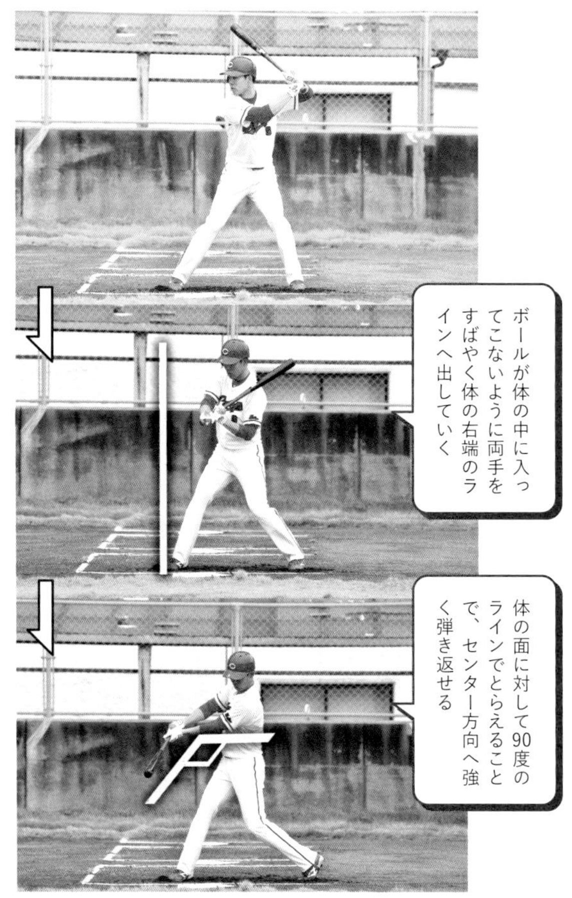

ボールが体の中に入ってこないように両手をすばやく体の右端のラインへ出していく
体の面に対して90度のラインでとらえることで、センター方向へ強く弾き返せる

このスイングを実現するという意味でも、先ほどの「90度のライン」を基準に考えることは有効です。バットの面が体の右端で垂直に入っていれば、そもそも上から入ろうが下から入ろうが手首をこねるようなとらえ方にはなりません。そして、ボールが来た方向に対して垂直にとらえれば基本的にはセンター方向へ飛んでくれるので、あとは体の回転で打球方向を出していけば良い。ライトへ打つなら体も少しライト方向へ、レフトへ打つなら体も少しレフト方向へ向けて、力の方向性を合わせていくわけです。なお、この感覚を身につけようとしてバットを３方向へ投げていく練習をする人もいますが、どうしても遠心力を計算して早めに離すことを考えてしまうので、あまり効果的とは言えません。左打者の場合、ボールを打つときのセンター返しと同じ感覚でバットを投げると、実際には少し引っ掛かってライト方向へ飛んでいってしまいます。バットをセンター方向へ投げるためには、ややレフト寄りへ打つときの感覚を持たなければならないのです。したがって、イメージ作りの一環としてはアリかもしれませんが、やはり実際にボールを打って感覚を身につけるほうが良いでしょう。

また、一般的にはよく「ワキを締めて打て」と言われたりもしますが、投手側のワキはむしろ空いていたほうが良いと思っています。高めの球を打つときなどは前ワキを締めることもポイントになりますが、そのケースでは「かぶせ」とか「大根切り」といった技の名前が付くわけで、つまりは特殊な打ち方だということ。スタンダードはやはり、真ん中から低めの球に対してバットを下げながら投球のラインに入れていき、ボールをとらえて持ち上げるという打ち方です。しかし、両ヒジをギュッと体の内側に入れた状態のまま振った場合、バットは上から下へただ落ちていく一方で、振り上げていく動きができません。ではどうすれば良いかと言うと、ワキを空けて投手側のヒジが上がれば、必然的に手の位置を下げることができる。もちろん、そのために体を無理に傾けるとバランスが崩れてしまうので良くないですが、しっかり前へステップして打ちに行

楕円形を描くスイング

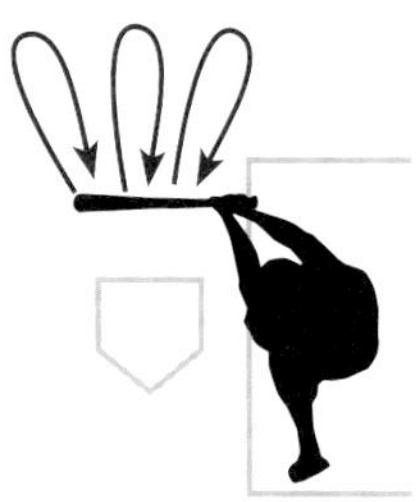

レフト・センター・ライトの３方向にそれぞれボール２個分を打つイメージを持ち、「当たる→押す」という感覚で力を加える。そうすると左ヒジが体の前に抜けていき、バットが打球方向に伸びて楕円形の軌道を描く。スイングには奥行きが生まれる

く中でワキを空ける時間を作れるかどうか、という部分は大切だと思います。

ちなみにインパクトの瞬間で言うと、たとえば右打者なら右中間、左打者なら左中間へ強い打球を飛ばした際には「外角球を逆方向に引っ張る感覚」という表現をする人もいます。厳密に言え

円形を描くスイング

インパクトからすぐ手首が返ってバットが戻ってくる感覚で振っていくと、自分の体を中心にして円形の軌道を描いていく。タイミングが合えば強く打てるが、スイングに奥行きがないため、緩急を付けられると崩れやすい

ば、内角球に対してヘッドを早めに返しながら強く打つのが通常の“引っ張り”なので、それとまったく同じように打ったというわけではないでしょう。ただ、楕円形のスイングでしっかりとらえると「バットにボールが乗っている」という感覚がより強くなり、引っ張ったときと同じくらい強い打球が飛んでいく。多くのケースは外角高めを上から叩いているのだと思いますが、ともかくそうやって打球方向にバットを真っすぐ押せていれば、スライス回転が掛かってスルスルと横へ切れてしまうことも少なくなります。

また左打者の場合、特に俊足巧打のタイプはよく「逆方向を意識してショートゴロを打て」と言われがちですが、そこで強く打てる人と単なる“当て逃げ”になってしまう人の違いというのは、まさにスイングが楕円形か円形かの差だと思います。左打者というのは、基本的には打った後に一塁側へ体を開いて走る動きが染み付いており、外角に対して踏み込んで逆方向へ打つとしても、少なからず「体は右方向、バットは左方向」という打ち方になるもの。ただ、手が体から離れていく中でも楕円形のスイングでグッとひと押しができていれば、ある程度はバットの面にボールを乗せて捕まえている感覚が出てくるので、三遊間の深いところへ強く弾き返せます。一方で“当て逃げ”というのは、腰を引きながら手をただ伸ばすだけでバットを出していく打ち方。ボールに向かってしっかり体重が乗って行かず、バットに当たったらすぐ右方向へ走り出すので、体がクルッと回って円形のスイングになるわけです。この場合はサード方向にはゴロが行かず、投手の横あたりへ高いバウンドのゴロが転がりやすい。足の速さや内野手のポジショニングによっては内野安打を得られる可能性があるため、必ずしも結果が出ないとは言え

ませんが、強い打球を打つのはやはり難しくなります。

もちろん、実際の試合では“当て逃げ”になってしまうケースもあります。特にカウントを追い込まれた場合は、すべての球種をマークして「何とかバットに当てて前に飛ばそう」と意識するわけで、体勢を崩されながらの“当て逃げ”が増えるのは仕方ないでしょう。逆に言うと、その状況でも粘ってヘッドを残し、逆方向に強く飛ばせる人というのは、守備側からするとすごく嫌な打者です。バッテリーは“当て逃げ”の打者にたまたま内野安打を打たれても「このボールを投げ続けておけば次は崩れるから大丈夫だ」と考えられますが、追い込んでから逆方向に強く打たれた場合は、結果的にはアウトになっていても「次の対戦ではあのボールはヒットになりそうだな」という印象を抱きます。そういう打席の積み重ねというのはものすごく大きなものですし、無意識の状態でも逆方向に強く打てるというのはかなり高い技術だと思います。

<体の軸と回転>

スイング動作における体の軸はお尻から頭までのライン

バッティングで気を付けなければならないポイントとして、「体の開き」という言葉があります。ただし、「開いてはいけない」などと考える必要はないと思っています。たしかに悪いときの状態としてはよく「体が開いている」と言われるものですが、そもそも体を回さなければ手は出てこないので、最初から最後までまったく開かずに打つというのは不可能。投手側に壁は作るものの、打つときはやはり手を投手方向に抜きながら体が回っていくということが大事です。では「体の開き」の基準は何なのかと言うと、開くタイミングをギリギリまで我慢してしっかりタメを作れているかどうかです。要はどのタイミングで手が落ちていき、体を追い越してヘッドが走っていくか。打ちに行きながらも体重移動をしたところで体がピタッと止まり、「慣性の法則」で手がピュッと出ていく。その動作が重要だと思っています。

ここでまず大事になってくるのが、体の軸を中心に回転するという要素です。

勘違いされやすいのですが、スイング動作における「体の軸」というのは、構えたときから意識しなければならないわけではありません。よく「頭の上から地面に向かって体が串刺しになっている状態」とか「頭の上からヒモで体を吊るされている状態」といった表現をする人もいますが、これは軸を作るためのものではなく、ちょうど良い力感で構えてボールを見やすくするためのものです。これらのイメージによって地面に向かって真っすぐ重心を落としていけば、両肩が力んで上がったり、あるいは頭が前後にブレたりすることはない。肩がストンと落ちて首がスッと伸び、自然と腕が垂れ下がっている状態になって、リラックスした構えでボールを俯瞰(ふかん)して見ることができるわけです。このイメージを「軸を作るもの」だと捉えていると、体の加速も体重移動もせず、その場でただ回るだけのスイングになってしまいます。

スイングにおいて体の軸が作られるのは、体の動きが止まって回転が始まっていく瞬間です。つまり、最初から軸を作っておいてクルッと回るのではなく、軸脚から踏み込み脚への体重移動とともに軸を作って回るという感覚ですね。左打者で言えば、右足のつま先

着地からカカトを踏み込む（同時に右ヒジが落ちる）ことによって体が回り始めるので、軸の作り出しのスイッチは“右カカトと右ヒジの落ち”になります。また、軸ができるのはバットを振りに行くときなので、上体が少し前傾していてもしっかりと作られます。要は腰から背中を通って首までが同じ角度（言い換えれば腰のラインと肩のラインがほぼ平行）で回れば良いのであって、大切なのは背骨を中心にした「お尻から頭までのライン」が真っすぐに使えているかどうか。決して足裏から頭までが１本になって地面に突き刺さっているというわけではなく、「お尻から上」「腰から上」で芯が１本通った状態になっていれば十分なのです。むしろ、全身がしなりながら１本の軸で連動しているように見えても、上体の曲がり具合によっては軸ができていないということもあります。

しっかりと軸を作って体が回っていくためにはもちろん、投手側の壁が大切です。ただ、先ほども言ったように「開いてはいけない」「壁を作ろう」と意識すると、今度はスムーズに回転できなくなってしまいます。では、どうすれば良いのか。僕が「体の開き」を修正したいときに練習でよくやっているのは、本塁ベースにボールを置く（あるいはスプレーを立てる）などの目印を設定し、インパクト後に打球を見るのではなく、目印を見てフィニッシュするという方法です。最初は顔が投手方向へ向いているものの、バットを振るときには首やアゴをあえて左側に捻って捕手方向へ戻していく。そして、打ち終わった後には右目の端っこから打球が抜けていくイメージです。そうするとインパクトの瞬間も頭（目線）が残って左肩越しにボールを見るような形になり、自然と体の開きが抑えられる。スイング自体を直そうとすると体の仕組みから変えなけれ

○ 体重移動とともに正しく軸を作れている

× 体重移動がなくその場で軸を作って回る

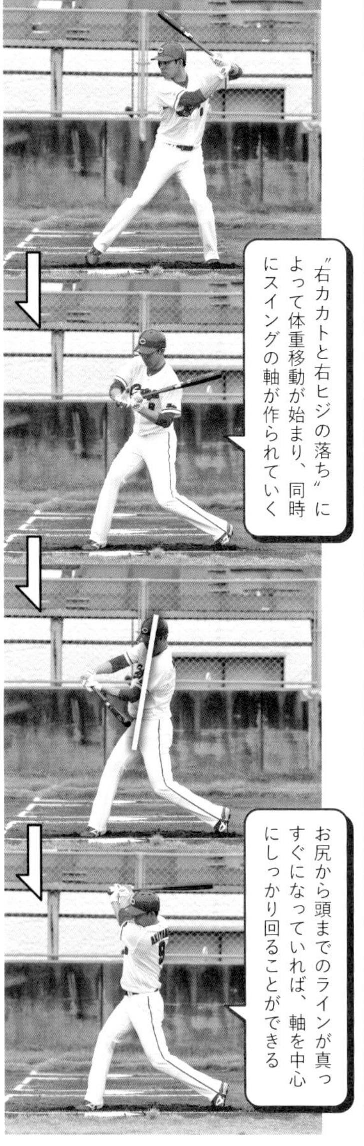

"右カカトと右ヒジの落ち"によって体重移動が始まり、同時にスイングの軸が作られていく
お尻から頭までのラインが真っすぐになっていれば、軸を中心にしっかり回ることができる

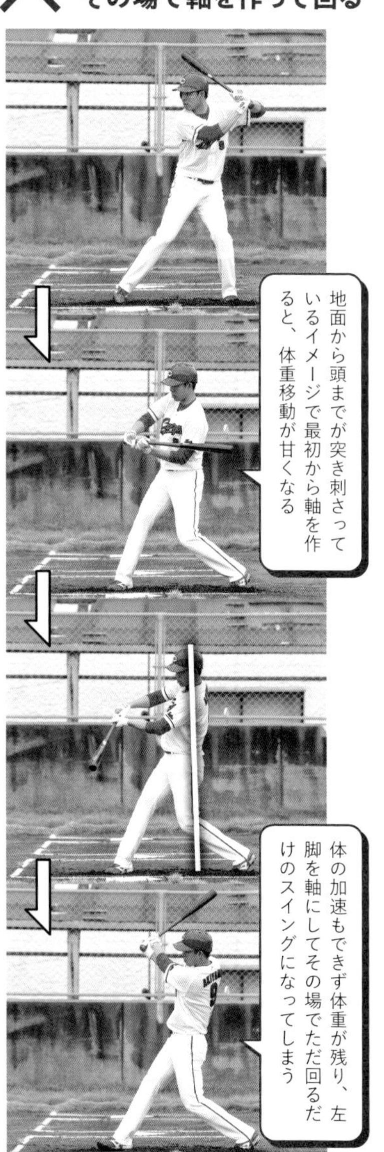

地面から頭までが突き刺さっているイメージで最初から軸を作ると、体重移動が甘くなる
体の加速もできず体重が残り、左脚を軸にしてその場でただ回るだけのスイングになってしまう

体の開きを抑える意識付け

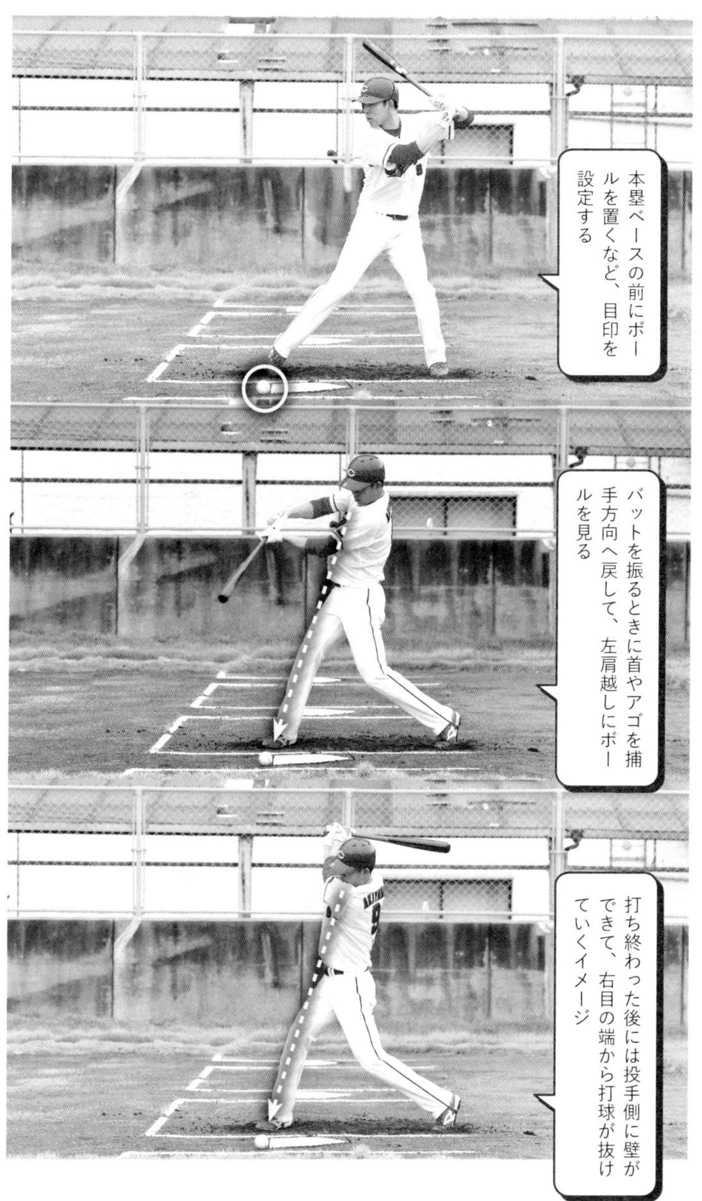

本塁ベースの前にボールを置くなど、目印を設定する
バットを振るときに首やアゴを捕手方向へ戻して、左肩越しにボールを見る
打ち終わった後には投手側に壁ができて、右目の端から打球が抜けていくイメージ

ばならないので時間がかかりますが、これならば自分の打ち方を変えず、ちょっとした意識だけで投手側の壁を作ることができます。

余談ですが、たとえばティー打撃などのネットに向かって打つ形式の練習では、どうしても打球の行方を目で追ってしまいやすいため、何も意識せずに続けていると体がどんどん開いていきます。特にトスしてもらったボールを打つケースは要注意。斜め前から投げてもらったものを正面に打っていくという時点ですでにドアスイング気味なので、打った地点で頭を止めるのが難しくなっていきます。だからこそ、自分の中でバットを振った後に意識するものを設定して、そこを見るということが大事だと思います。

もう１つ、練習としては連続ティー（P159参照）もオススメです。一度に打つ球数が少なめであれば体のキレを出しながら一気に振れるため、５球ほど連続でボールをテンポよく打っていきます。振ったらすぐ戻すということを繰り返していくと、そもそも目で打球を追っている暇がないので勝手に壁が作られていき、また、すぐ打ちに行ける体勢を作りたいので自然とトップも通過するようになる。あとはバットを小手先で操作しないように、しっかり引くことを意識しながら軸脚から踏み込み脚へステップ。そうすればムダな動きが削がれていき、体の軸を中心にスムーズに回転するスイングが身についていきます。

さて、メカニズムの話に戻りますが、体が回転するときには軸を作ることだけでなく、手が出ていくタイミングも重要です。体の回転と同時に手が出てきてしまうと、スイングの中では後ろの振り幅（バットの振り出しからインパクトまで）が狭くなります。だからと言って、手を後ろに残した状態でキープできていたとしても、顔

や体が先に出て回ってしまうようだと今度は前の振り幅（インパクトからボールを押し込んでバットが打球方向に伸び切るまで）が狭くなります。また、そういう打者はボールに対して体の内側を見せてしまっているので、死球を受けたときに大ケガをしやすいというリスクもある。たとえば現役時代のイチローさん（元マリナーズほか）などは手をギリギリまで後ろに残しているタイプですが、顔や体の面がパッと投手方向へ向いてしまうということは絶対にありません。だからこそ、インパクトの前後で振り幅をしっかり出せていますし、死球でもパッと危険を回避できているのだと思います。

　ちなみに、先ほどから話してきた楕円形のスイングはこの“前後

× 体の回転と手が合わないパターン2

手を置いたまま頭と体が先に回ってしまう
インパクトからバットが打球方向へ伸びるまでの「前の振り幅」が狭い

の振り幅”が特長で、タイミングが少しズレてもボールの奥行きに対応できます。一方、円形のスイングはすぐに手首が返ってしまうため、ボールが来るタイミングにピンポイントで合えば打てますが、少し緩急差が付いて抜かれたり差し込まれたりすると途端に崩れていきます。打者の中には得意なコースや苦手なコースがあまりないという選手もいるのですが、実はよく見てみると、逆にどのコースに投げてもアウトになるイメージが湧くというケースがよくあります。あるいは、バッテリーが「ここは苦手なはずだから打たれないだろう」と思ったものが長打になったり、逆に「得意なコースだから打たれる」と思ったものが意外な形で凡打になったりと、バッティングにムラがある選手もよくいます。そういう場合は円形のスイングをしていることが多く、振り幅に前後の厚みがないのだと考えられます。自分のインパクト面を基準として、手元の面や奥の面にどれだけ振り幅を作れるか。打者のスキルとしてはそこがすごく大きな部分で、良い打者はやはり「あんなに詰まってもしっかり打つのか」「あれだけ泳いでもヘッドが残るのか」と、スイングに前後の厚みを持っているものです。

<下半身のステップと体重移動（後ろ脚）>

投手方向に左ヒザを向け、左のカカトを上げて一気に回す

スイング時の下半身の動きについても説明していきます。

まずは左脚（捕手側の後ろ脚）。名称としては「軸脚」と言われていますが、そこを軸にして回るわけではないので、細かく言えば「蹴り脚」という表現のほうが良いと僕は思っています。もちろ

ん地面に着いていて重心の移動を感じたり、また体を支えたりするという部分では「軸」です。ただ、決してその場からずっと動いてはいけないということではない。打つときに力を伝えるためにはやはり、左脚で地面を蹴って右脚へしっかり体重を乗せていくことが大事です。実際、僕は野球教室などで子どもたちにバッティングのアドバイスをするときにも、よく「ボールを打ちたい方向に後ろの脚をしっかり向けて強く蹴るんだよ」「カカトを浮かせて後ろ脚をしっかり回すことが大事だよ」と言っています。

左脚への体重の乗せ方はP77でも説明した通り、基本的には地面へフラットに置いて足裏全体に重心をかけています。ただし、スタンスを広げてほぼ両脚均等で立っていた2023年シーズン後半の打ち方では、足裏を地面に着けたら少し内側寄りにグッと体重をかける意識がありました。と言うのも、この場合は構えた時点で右脚にも体重を乗せているため、そこから右脚を上げていったん左脚に体重を戻していくとき、わざわざ足裏全面に乗せようとすると時間がかかり、さらに左ヒザが外へ向いて体重が左脚の外側にかかってしまいます。また、そもそも通常よりもスタンスを広げているわけで、右から左へ大きく引いていく反動で体がブレてしまい、内転筋でしっかり受け止めて投手方向へのタメを作るということができないのです。したがって、体重は最初からやや内側に乗せておく。具体的には親指側の２～３本で少しエッジを利かせ、足裏の内側半分で体が外側へ振られないように止めている感覚ですね。もっと言うと、小指側の２～３本を使わないというイメージ。左脚に乗せる時間はごくわずかなのですが、そうしておくと投手方向へスムーズに向かっていくことができます。

そこから先の左脚の使い方ですが、僕は先述したようにステップが「L字」になる傾向があるので、左脚はそれに伴い、グッと片脚スクワットをしてから投手方向に向かって一気に回していくというイメージです。右脚を上げてから真っすぐ下ろしていくタイプであれば、おそらく左脚は小指側から順番にバラバラッと足裏が地面を離れていき、左ヒザが投手方向にグッと入っていくのだと思います。ただ、僕の場合はその使い方をすると体も一緒に前へ倒れてしまう。だからこそ時間をかけていったんグッと体を下ろしてから打ちに行くわけで、そこからは左脚を一気に回さないともう間に合わないので、右脚が着地したら左ヒザを投手方向に向け、左のカカトを上げた状態でパッと回っていくという感覚ですね。ちなみに23年後半の打ち方では右脚を上げるつもりがないため、実はそういうイメージをしていなかったのですが、それでも自然と右脚は上がっていましたし、動きは小さめでもやはり全体的に「L字」を描いていて、左脚は一気に回っていたと思います。

こうして考えてみると、僕はまだ左脚を「蹴り脚」として十分に生かすことができていません。ハンドリングのときにも言いましたが、もともと右半身でリードしていく感覚が合っているということもあって、左半身をぶつけてボールを捕まえるという使い方をするのがなかなか難しい。もっと細かく言うと、僕は体の左側を締めて左ヒザや左ヒジを前に送っていくタイプではなく、体の右側に壁を作り、右のカカトと右ヒザと右ヒジをリンクさせて体を引っ張ってくるタイプです。だから、後ろ脚で蹴ろうとすると右側のストップ動作が不十分になる。そして両肩も一緒にクルッと回って体が正面を向いてしまい、出力のタイミングが合わないのです。

なお、メジャーリーグを見てみると、後ろ脚で蹴る動作が上手い選手はすごく多いです。彼らが一番大事にしているのは「強く振ること」で、もちろんその中でコンタクト率の向上も目指してはいるのですが、そもそも150〜160キロのスピードボールをしっかり打ち返せるヘッドスピードがなければ勝負にならない、という前提がある。だからボールにすべての力をぶつけるイメージで振る選手が多く、そのために後ろ脚を浮かせるケースも少なくありません。実際、僕もアメリカでこう言われたことがあります。

「ショーゴは（メジャーで）１本もホームランを打てていないだろ？　もっとボールに強い衝撃を与えたかったら、後ろ脚を上げれば良いんだよ」

ただ、彼らは昔からそういう発想で練習を積み重ねているからこそ違和感なくできるのであって、後ろ脚を上げて打つというのは基本的には体がブレやすいものです。僕の場合はコンタクト率が持ち味で、自分のほうへ向かってくるボールを確率よくとらえるために「まずは後ろ脚をしっかり回す」という部分を重視してきたわけですから、やはり地面に着いて力をしっかり受け止めたいという感覚のほうが強いですね。

さらに、蹴り脚の使い方には「浮かせる」だけでなく「伸ばす」という方法もあります。たとえば西川龍馬選手（オリックス）や近本光司選手（阪神）などを見ていると、この打ち方をしているシーンをよく目にしますね。僕も試してみたことはあるのですが、打つときに後ろ脚を一直線に伸ばすということは必然的に重心が上がっていくわけで、体が少し宙に浮いた感覚になります。その状態で強く振るイメージがどうしても湧かず、またバットコントロールも利かせにくくなるので、タイミングを外されたときにパッと対応できるだけのハンドリングの技術を備えていなければ難しいな、と。もしかしたら体の関節の柔らかさや強さ、あるいはその人が持っているヒッティングポイントなども関係しているのかもしれません。

　ともかく、僕の場合は両脚を地面に着けて「下から力をしっかり受けている」という感覚を大事にしてきたこともあり、どうしてもフィニッシュの形では左ヒザが曲がった状態になります。もちろん、それ自体は決して悪いことではないのですが、たとえば23年後半のように「投手方向に突っ込んでも構わない」という意識で“前に行っている”つもりでも、映像を観ると意外にも頭の位置は動いておらず、むしろまだまだ“後ろで受けている”傾向があります。つまり、左半身に体重を残したまま回ってしまっているので、もっと左脚で蹴るイメージを強くして、右足や右ヒザのほうに頭をグーッと寄せて体重を乗せていきたいところ。右半身を中心に回り、左脚が後ろにくっ付いてくるくらいの極端なイメージでちょうど良いのかなと思います。

<下半身のステップと体重移動（前脚）>

右のカカトで強く踏み、右ヒザの内側で体を受け止める

　続いて右脚（投手側の前脚）の動きですが、僕はとにかく「強く踏む」という意識を持つようにしています。もともとは間合いをしっかり取るために右脚を上げているわけですが、上げることよりも下ろすことに重きを置いたほうが、インパクトでボールに体重を乗せやすいと思っています。もっと言うと、「強く下ろそう」や

「強く着こう」というイメージでは体ごと一気に右脚に乗せて突っ込んでしまいやすいので、着地の仕方にも気を付けています。具体的には右の足裏全体でドンッと着くのではなく、つま先の親指側からスッと着いていき、そこからカカトを踏み込んでいく。そうすれば、まずはソフトに着地できるので突っ込みを抑えられますし、その後を追って一気にドンッと体重を乗せていくこともできます。さらに、ボールに対して前へ踏み込んでいくことへの怖さもなくなりますね。したがって、より正確に表現するならば「右脚の親指側から着いてカカトを強く踏む」。たとえば大谷翔平選手（ドジャース）のノーステップ打法を見ても、体を引いているタイミングでは右のつま先を着きながらカカトを浮かせていて、最終的にはカカトを踏み込む動作とともに打ちに行くわけですから、つま先の着地後だけを切り取ればイメージは同じです。この感覚はウォーキングのティー打撃やロングティーなどでも養っています。

そして、繰り返しになりますが「引く→行く」というイメージの中で、右のカカトが落ちるタイミングでは右ヒジも同時に落ちていく。このときに右ヒザと右ヒジが同じ方向に向かっていくのが理想的で、さらに頭や体が止まった状態で軸をしっかり作れるかという部分が大きな勝負です。そのためには右脚でのブレーキが重要。体の動きを受け止めるのは右ヒザの内側が一番良いと思います。イメージ的には内転筋が重要だと思われているかもしれませんが、右脚の内転筋で体を止めようとすると実は動きがブレてしまうのです。もう少し詳しく説明すると、左脚については力を前にぶつけるだけなので、内転筋に力を感じていれば良い。しかし右脚の内転筋を意識した場合、両脚を締めることによって回転の動きが小さくなりすぎてしまいます。それでも腰をしっかり回そうとして、体は自然とお尻をやや後ろに引いて太ももなどがズレるように反応するのですが、ここでヒザも一緒に回ると今度は大きく動いて体がめくれてしまいます。ただ逆に、このヒザをしっかり止めることができればスムーズに回れる。ヒザはそもそも関節なので、右ヒザが止まれば右足も止まり、体重をしっかり乗せることができるわけです。

僕はクロスステップする傾向があるため、打球が飛んだ後は右足のつま先が一気にめくれていきますが、インパクトの段階までは足の内側で力を受け止めていて、つま先もしっかり止まっています。わざわざ親指側で止めようとする必要はないとしても、やはり小指側へ力が逃げたら意味がない。少なくともインパクトまでは我慢しなければなりません。なお、フィニッシュまでつま先がめくれずに打つことができるのが、西武時代の先輩にあたる栗山巧さんです。左打者は一塁側へ走る動きが染み付いている分、最後はどうしてもつま先がめくれることが多いのですが、栗山さんのバッティング練習を見ていると右足の裏が地面に着いたまままったく動かない。おそらく、足首まわりの柔軟性も関係しているのだと思います。右脚の足首から太ももまでがしなりながら打っている印象が強く、本当にすごいなと思って見ていました。

ヒザの話で言うと2023年のシーズン前半、守備でジャンプして捕球した後の着地で右ヒザを痛め、そこからヒザが伸びなくなってしまいました。痛みについては治療を受けて改善していったのですが、やはり曲がった状態は変わらず、そのまま違和感を抱きながらプレー。左右で脚の長さのバランスが違うわけですから当然、右脚には負担がかかり、8月半ばには右ふくらはぎ痛で離脱してしまい

ました（診断は右下腿ヒラメ筋損傷）。これはバッティングにも大きく影響していて、実際に右ヒザで体を受け止め切れずに体の開きが少し早くなってしまっていた時期もありました。結局、シーズン後には手術（右膝外側半月板部分切除）を選択しましたが、バッティングが変化して崩れていくのをなるべく抑えるためにも、やは

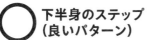

◯ 下半身のステップ（良いパターン）

右ヒザの内側で体を受け止め、インパクトの段階まで右足のつま先が止まることで力をしっかり伝えられる

✕ 下半身のステップ（悪いパターン）

右脚で体を受け止め切れずに腰が回って右足のつま先がめくれると、力は逃げてしまう

り体を健康的に整えることが大事だなと痛感しました。

と、ここまでの話をまとめると、右足を強く踏んで右ヒザの内側で受け止めることが基本となるわけですが、では着地まではどうやって使っていくか。ここは人それぞれの感覚による部分なので、自分に合った動きを探していくことが重要でしょう。シンプルに右脚を上げて下ろすだけであれば重力に任せてスピードも使えますし、逆に左脚に体重を乗せながら右脚をゆっくり下ろしてタメを作りたいとしても、たとえば柳田悠岐選手（ソフトバンク）のように右脚を内旋させたり、あるいは現役時代の阿部慎之助さん（現・巨人監督）のようにその場で右足を浮かせるようにしたりと、さまざまな方法が考えられます。僕の場合は「L字」に出ていきながら上げた右脚を少し回すように使っていますね。ただし、脚を下ろすときというのはもうボールに対して向かっているので、そもそも無意識の領域。ここから何かを修正するということはできません。つまり実際には、脚の下ろし方までは気にしていられないということ。だからこそ、練習で自分なりの“間”の作り方をしっかり身につけておく必要があります。

そして重要なのはボールを見るとき、体のどこに意識を置いているか。軸足の内側でボールを見る場合もあれば、軸足のカカトで見る場合、ヒザや腰、お尻などで見る場合もありますが、いずれにしても腰より下のどこかに目が付いている感覚が大事です。上半身の動きというのは練習しやすく、わりと短期間でも修正が利くもの。一方、下半身の動きというのは体力も必要になるので練習の継続がなかなか難しく、技術を身につけるのにも時間がかかります。そんな中でも下半身をずっと意識して練習できる人というのは、常に鍛

錬をしている状態ですから、やはり土台がブレないと思います。

さて、下半身の動きについて説明してきましたが、僕は自分のバッティングを分析する際、「行く」「受ける」という表現をよく使います。その判断のポイントは体重移動。踏み込み脚側に比重を置いて体重をしっかり乗せて打つのが「行く」で、軸脚側に比重を置いて体重を残したまま打つのが「受ける」。「行きすぎ」も「受けすぎ」もバランスが悪いので、この2つのちょうど良いさじ加減を探ることが重要だと思っています。

さらに言うと「行く」と「突っ込む」は別物で、前者は前脚に踏み込んだところでしっかり体のバランスが取れてスイングできている状態。後者は踏み込んだ前脚のヒザよりも頭が前に出ていき、体のバランスが崩されている状態です。また「受ける」についても、ボールに差し込まれて受けざるを得なくなったケースだけでなく、体重を残しながらもしっかり振り切れているケースもあるので、一概に悪い傾向だとは言えません。たとえばスイングが窮屈になっているとき、頭を残して投手との距離を取れば体の前にバットを振るスペースを作れるので、そのためにあえて「受ける」ということもあるのです。ただし、もちろん前脚で踏み込む動作が強ければ強いほど、そのブレーキによって下の動きがしっかり止まり、上が走ってバットがより強く出ていくわけですから、基本的には「行く」ということが重要。完全に「受ける」のみでバットをしっかり振るのは体の力が強くなければできないことですし、傍目には「受けている」ように見えるフォームでも、多くの人はやはり一瞬は「行っている」ものです。

ちなみに僕は、悪いときにはしっかりと「行く」ということがで

ボールに対して「行く」イメージ

踏み込み脚側に体重をしっかり乗せてボールを打つ感覚。踏み込んだところでしっかりと体のバランスが取れてスイングできているので、体を止め切れずに崩れていく「突っ込む」とは似て非なるもの

ボールに対して「受ける」イメージ

軸脚側に少し体重を残したままボールを打つ感覚。ボールに差し込まれて受けざるを得なくなることもあるが、バットを振る空間を作りたいときやボールを長く見たいときなどには、あえて「受ける」のも有効

きていません。右脚の踏み込みが弱すぎてただただ「受ける」ことでバットを振るスペースを作っているだけなので、インパクトにも十分な力を加えられていないのです。もちろんボールの軌道は見やすくなりますし、コンタクトもしやすくはなるのですが、打ったときに内野を抜けていくかどうか、しっかりとらえたときにホームランになるかどうか……という観点では、自分を苦しめていると思います。特に「前へ突っ込みたくない」「変化球に泳がされたくない」という想いが強いときは、「受けすぎ」になりがちですね。

とは言え、自分の中で「受けても良い」と考えるケースもあります。先ほどのようにスイングが窮屈になっているときもそうですし、たとえばカウントを追い込まれたとき。2ストライクになれば当然、打者はすべてのボールに対応してまずは何とかバットに当てなければならないわけで、「行く」よりも「受ける」を重視してボールを長く見ていきます。そうすると、自分が最終的に「バットを出すかどうか」を判断するチェックゾーンもできるだけ捕手寄りにすることができるので、より見極めやすくなる。追い込まれてからのアプローチとしては良い方法ではないかと思います。そして0ボール2ストライクから1ボール、2ボール、3ボールとボールカウントが増えていくと投手もストライクゾーンの枠から外しにくくなるため、「受ける」の中でも少しずつ「行く」の割合を増やしていく。そういう調節はしていますね。あるいは「決め球に鋭く落ちるフォークがある」「良いスライダーを持っている」「ストレートとカットボールの見分けがつかない」…というように、攻略が難しい球種を持っている投手と対戦するときも、「受ける」という手段を取ることがよくあります。

CHAPTER. 5
打席に臨む準備と思考

「相手が良い投手になればなるほど、
“アウトのなり方”を重視すること。
打者は1球の結果に浸るのではなく、
次の球にすぐ切り替えることが必要」

Be a driver.
mazda
Carp
Hiroshima

操作性などにこだわってバットのグリップ形状を一貫
軽量化という時代の波にもあえて乗らずに我慢する

ここからは、打席に向かっていくための準備についてお話しします。

まずは道具へのこだわりですが、バットは基本的に西武時代のプロ１年目に作ってもらった「A型」のデザインを使用しています。特徴としては、握る部分がグリップエンドへ向かって緩やかに太くなっていくタイ・カップ型。僕は昔からあまり握力が強くないこともあり、バットを走らせるときにはグリップが少し滑りながら動いていく傾向があります。そのため、グリップエンドがT字だと振るたびに右手の小指球とぶつかり、変なところにマメができて練習量が積めなくなってしまうのです。特に大学時代やプロ入りして間もない時期は、「とにかく数を振ってプロのレベルに追いつかないといけない」という想いが強かったので、グリップの形状にはこだわりました。さらに僕自身は指が長いほうなので、やや太めのほうが握りやすいですね。また、重心はバットの芯よりもやや手前（グリップ寄り）で、いわゆるカウンターバランス。先端部が軽くて振り抜きやすいというのがメリットで、操作性はもちろんですが、やはり練習量を多く積めるということも重視しています。

ちなみにメジャー２年目のシーズンを終えた2021年オフには、バットの形状を変えようと試みたことがあります。アメリカではボールに振り負けないように強いスイングを意識し、さらに体重も増やしていったので、バットも体の変化に合わせようと。そして、遠心力を使ってより遠くへ飛ばすためにも重心がヘッド寄りにあ

るトップバランスにして、グリップエンドもT字の形状に変更。ただ、結局は上手く対応できずに終わってしまいました。もちろん操作に困らないのであれば、より細くて長くてヘッド寄りに重心があるバットのほうが良いのかなと思います。遠心力を使って遠くへ飛ばすことができますし、力強く振り抜けるので気持ち良さも得られるでしょう。ただ、素振りやティー打撃などであればボールを捕まえるのは容易ですが、いざ正面から来る投手のボールを打つとなると難しい。どうしてもスイングが間に合わなかったり、あるいは上手くとらえ切れないということも増えてきます。したがって、僕が最も重視しているのは操作性になります。

先ほどの期間を除けば、バットの形状は「A型」でずっと変わっていないですね。また、長さや重さは年によって微妙に変えたりもしますが、たとえば夏場で体がしんどくなってきたから少し軽くするなど、バット選びでバッティングを調節することもしません。基本的にはシーズンを通して同じものを使い、体調や状態の変化もある中で「このバットをいつも通りに振れるように」と、自分の体のほうを調節するように心掛けています。そして、自分の感覚がブレてしまうことを避けたいので、他のバットはできるだけ触らない。もちろんオフ期間やキャンプの時期などは、ノックバットでヘッドを速く振り抜くことを重視したり、長尺バットで下半身からしっかり振り抜く練習をしたり、短いバットで片手打ちをしたりと、さまざまな刺激を入れます。しかし、シーズン中にそれをやると感覚が上手く調整できなくなってしまう。したがって、誰かのバットを借りてみるとか、そういった気分転換などもしないようにしています。

さらに言うと、最近は木製バットがどんどん軽量化していく流れになっていますが、僕はあまり軽くせず、調節する場合も890～900グラムの範囲内。できるだけその重さはキープできるようにしています。もちろん、軽くてなおかつ耐久性もあるバットが存在するというのは素晴らしいことですし、職人の方々の技術の賜物だと思います。また、投手の平均球速が上がっている状況では打者もスイングスピードの向上を求められるわけで、そのために軽いバットを使うというのも効率的です。ただ個人的な考えとしては、軽いバットにいったん体が慣れてしまうと、重いバットにはなかなか戻れない。トレンドの波に乗ってどんどん軽くするのは簡単ですが、今後の野球界がどういう傾向になっていくかも分からないので、やや無理しながらでも重さは変えないようにしているのです。

そして今になって思うのは、意地でも900グラムのバットを使い続けてきて良かったなと。そもそも「今日はこのバットでダメだっ

たから次はこれにしよう」とコロコロ変えているようでは長続きもしません。自分が納得できるバットを見つけるためには、同じものを我慢して使ってみて、しっかりと時間をかけて選ぶ必要があります。僕の場合、23年に関しては10グラムほど削って890グラムにしたのですが、それでも簡単には「軽くする」という判断をしませんでした。そうやってバットを短くしたり軽くしたりという部分を最終手段として残してきたからこそ、今後もまだまだ工夫の余地があるわけです。とは言え、その場で結果を出さなければ生き残れない世界でもあるので、実際は判断が難しいところかもしれません。ただ、長くプレーすることを考えて「今はこのバットで何とか結果を残せるように頑張ろう」と、ブレずに我慢していく選手がいても良いんじゃないかなと思っています。

なお、他の道具についても触れておくと、バッティング用手袋で重視するのは肌へのフィット感。そしてグリップ部分の安心感も必要なのでバッティング時は滑り止めスプレーも使いますが、付けすぎてベタベタにならないように気を付けています。それと僕はすごく汗っかきなので、試合の中で手袋は２打席目が終わったあたりで別のものに交換していますね。さらに、特に夏場は湿度も高いので、外に干してもなかなか乾かない。ですから試合後はいつも乾燥機で乾かしており、遠征の場合はポータブル乾燥機を持ち込んで宿泊部屋で乾かすようにしています。また、冷たい場所に置いておくと結露にもつながるので、基本的にバットと手袋はグラウンドに持っていく。クーラーが効いている部屋などには置かないように気を付けています。

スパイクで重視しているのは軽さと丈夫さ。さらに人工芝と天然

芝では引っ掛かり具合が違うため、球場によって刃の使い分けもしています。エルボーガードやレッグガードはあまり重くないものが良いですね。痛さをカバーするだけなら硬くてゴツゴツしているほうが良いのですが、僕の場合は走って内野安打を稼いだり、また二塁打や三塁打を積極的に狙いたいという想いもあるので、走塁時の負担を減らすことも考えています。そして、フェイスガードや手甲ガードは着けていません。「道具が体を守ってくれる」という安心

感があることは大事なのですが、逆にそれによって本能的にボールを避ける動作が遅くなってしまうのではないかと。「自分でボールを避けられなくなったら野球ができなくなってしまうよ」という自分への戒めも込めていますね。

映像やメモを使って試合前にイメージを擦り合わせ
投手の持ち球の軌道を思い描いて打席に入る

続いては、打席に入るまでの作業について。試合で結果を残すためにはまず「投手にタイミングを合わせること」が必須ですが、そのためには相手投手の投球フォームや投げるテンポはもちろん、持ち球までしっかりイメージできるかどうかという部分が重要です。たとえば一口に「スライダー」と言っても、カットボール気味に小さくズレるスライダーもあれば、縦に鋭く落ちるスライダー、横に大きく曲がるスライダーなどもあり、スピードも変化の仕方も人によって違います。もっと言えば、投手本人が「カットボールです」と話していても、傍目から見たらスライダーだと思えるくらい大きく変化している可能性だってある。一概に「この球種はこういうボール」とは言えないからこそ、その投手のその球種はどういう軌道を描いてくるのか、頭の中に映像として呼び起こしておかなければなりません。

僕の場合は「○○投手のスライダー」などと言われてもパッと記憶が出てこないほうなので、対戦カードの頭のときに相手チームのリリーフ投手の映像をすべて観て、さらに試合当日は先発投手の映像も観て、試合前までにしっかりと持ち球の軌道を頭の中へ投影するようにしています。また、僕はノートにメモを取ることを習慣にしているのですが、特に相手チームの投手については、対戦したときに感じた特徴を細かく書くようにしています。たとえば「右投手だけどプレートの一塁側を踏んでいる」（右投手は三塁側を踏んで外角に対して角度を付けるのが一般的）とか、「真っすぐがシュート回転する」「真っスラが多い」とか……。そうやって事前に整理しておけば、いざ映像を確認するときにも「こういう投手だな」と、より具体的なイメージが湧くのです。映像はセンター方向から撮ったものなので当然、打席からの見え方とは向きが真逆になりますが、そこでイメージを擦り合わせ、パッと１球見ただけで打席から見たときのボールの軌道が想像できるかどうか。その部分が上手くマッチしていれば初球から狙うこともできますし、とらえられる確率も高まります。このイメージを簡単に呼び起こせる選手は手間をかける必要がなく、その分だけ休む時間や練習する時間を長く取れるというメリットがあります。ただ、僕はできるだけ不安なく打席に立てる状況を作りたいので、やはり映像データとメモを活用して、持ち球とその軌道をしっかり確認してから試合に臨んでいますね。

そして、いざ試合。ネクストバッターズサークルでは投手に対してタイミングを合わせ、ファーストスイングから強く振るイメージを作るために、少なくとも１回は必ずブンッと強く振ってから打席に向かいます。また意識付けとしてよく行っているのは、手首をしならせる動き。この意識付けはさまざまで、細長いバットやトレーニングバット、あるいはバッティングを付けて振る選手もいますが、僕はできるだけ違和感なく打席に入りたいので、通常のバットしか持たないですね。

ボールが来る角度に対して真っすぐ打ちに行くのが基本
アンダースロー対策は「いかにフライアウトを増やすか」

投手にはさまざまなタイプがいますが、基本的な考え方としては、ボールが来る方向へ正対して打ちにいくイメージを持つのが良いと思っています。たとえば右投手と左投手の大きな違いはボールの発射口（リリースポイントの位置）なので、常に体の面をマウンドに対して平行にしながら打つわけではなく、対右投手ならややショート方向、対左投手ならややセカンド方向に対して平行になるという感覚です。もちろん本塁ベースの位置は動かないわけですから、大きく立ち位置を変える必要はないですし、普段通りに構えて打てるのに越したことはありません。ただ、投手の左右によってどうしても打ちにくさが出てくるのであれば、構えの段階から体の向きを変えるという対策は有効でしょう。軸足の位置を決めるときにつま先を内側に少し入れたり外側へ少し開いたりすれば、それに伴って踏み込み足の位置も同じ方向に少しズレるため、全体的に右向きや左向きになる。そうするとボールの軌道に真っすぐ向かっていけるので、打つイメージを描きやすくなります。

さらに、相手がサイドスローの投手だと角度がかなりキツくなるため、この対策はより生きてきます。たとえば「右対右」「左対左」の場合は特に外角のストレートやさらに遠ざかるスライダーが気になるもので、そこで「体を開きたくない」という打者心理が働き、前肩を壁にして体を閉じすぎるケースがよくあります。しかし、そうするとボールが背中側から来るように見えるわけで、打つのはより難しくなってしまう。また体も顔も閉じた状態からボールを打つ

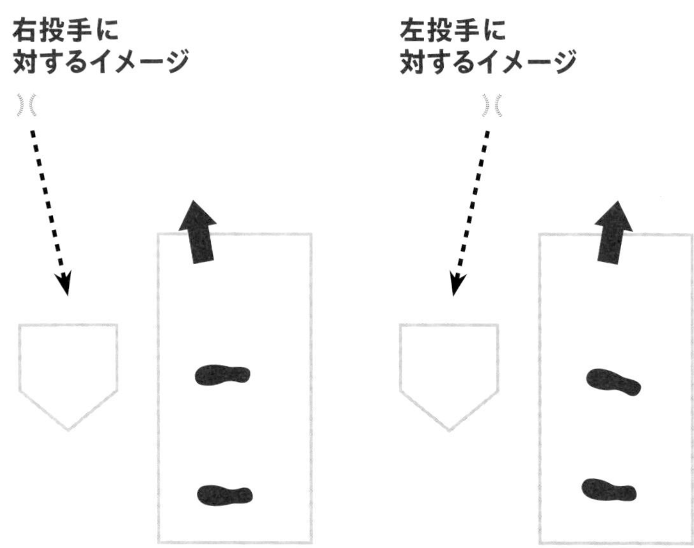

となると、そこから体と顔が一気に回り、結果的に開いてしまうこともよくあります。ならば、むしろ最初から「これ以上は開けない」というところまで体を開いておいて、ボールの軌道を見やすくしておく。そしてボールを長く見てヒッティングポイントまで引きつけたら、最後に顔を戻して打つ。そのほうが確率は上がるでしょう。

ただし、気を付けなければならないのはシュート系のボールを持っている投手です。そもそも左右どちらの方向にも変化球を持っている投手は攻略が難しいものですが、ストレートや外側へ逃げていくボールをイメージしているときに内側へ食い込むボールが来るということは、死球によるケガのリスクも出てきます。それを避けることまで想定するのであれば、体の向きを開き気味にしておくだけでは危ない可能性もある。したがって、自分がしっかり反応できるようにイメージ作りをしておくことも重要です。

さて、ではアンダースローの投手に対してはどうするか。よく「上から振ろう」と意識する選手が多いのですが、それはおそらく

高めのストレートのイメージが強くて「下から浮いてくる軌道に合わせる」という感覚なのだと思います。しかし、実際のところは浮き上がってくるように見えて、最後はツーシームのように落ちていくもの。イメージしているところよりもボールが下にあり、しかもバットを上から出すわけですから当然、ゴロを打つことが多くなります。だから僕は、スイング軌道を変えることで対応するのではなく、「ボールを持ち上げよう」「フライアウトはオッケー」という意識を持つことを大切にしています。球威自体が強い投手だと話はまた別になるのですが、基本的には「アンダースローの投手はツーシームを投げるもの」だと考えておけば、通常よりもボール1～2個分ほど下を打つことになる。それくらいのイメージでちょうど良いと思いますね。

これはもちろん、個人の判断だけではなくチームとしての戦略の部分も関わってきます。全員で「ヒットを打つ」と考えるとゴロアウトが増えて術中にハマってしまいますが、「フライアウトをいかに増やすか」であれば、アウトになっても気が楽になります。そして、フライであれば何でも良いわけですから、各打者が自分でいろいろなポイントを探るようになる。その結果、フライアウトの種類が増え、いろいろな打球が増えるからこそ結果的にヒットの確率も上がる。あるいは結果的にもアウトばかりでやはりダメかもしれませんが、いつもゴロばかり打たされる投手に対してフライを打てたということは、技術的には大きな進歩です。やはり相手が良い投手になればなるほど、“アウトのなり方”を重視することが大切だと思います。

と、これらは大まかなタイプ別の対処法ですが、もっと細かく言えば変則的なフォームでボールの出どころが見づらい投手やタイミングが合わせにくい投手などもいますし、タイプは実にさまざま。したがって、「こういう投手のときはこうすれば良い」と一概に言えるものではありません。ただ、いずれにしても上手くいかないときというのは、ストレートにタイミングを合わせているケースが大半です。つまり、いわゆる「ストレートの待ちの変化球対応」という基本のスタイルを取りながら、結果が伴っていない。であれば、勇気を持って「変化球狙い」に切り替えたり、あるいはさらに細かく「やられている球種」の１本に絞っていくということも必要です。そして１本でもヒットが出れば、そこから景色が変わって見えてきますし、相手も対応を変えてきたりするので、もう一度ストレートのタイミングに戻せば良いと思います。また、上手くいかない時期が長く続くのであれば、そもそもストレートや一番速い球速帯にはタイミングが合わないわけですから、最初から投手がカウントを取ってくる球種なり、その球速帯なりに合わせてタイミングを取る。そういう割り切りも大切ですね。その工夫まで読み取って裏をかいてくるバッテリーもいないことはないのですが、「打者が投手のタイミングに合っていない」と感じている場合、攻め方を大きく変えてくることは基本的にはないものです。

すべての球を打ちに行く中でボール球を見極める
重要なのは自分が打てる球をしっかりと選ぶ“選球”

試合の中では１球ずつ、また１打席ずつ修正を重ねています。たとえば高めのストレートに対してバックネットにファウルを打った場合は、とらえ切れてはいない一方で、タイミングは合っていたと

も判断できる。もちろん、相手バッテリーもそれを感じて次は球種や間合いを変えてくる可能性が高いため、「１球で仕留めなきゃダメだった」という反省もあるのですが、一番速く感じるボールに対して上手く合わせられたわけですから、感覚としては悪くありません。その後は「空振りはしないな」というイメージが湧いてきますし、自分の中で「今の間合いで動けば良いんだな」という基準も作れます。

逆にタイミングが合わなかった場合は、やはり「いかにタイミングを合わせていくか」を考えていきます。またどんなケースでも言えることですが、同じボールは二度と来ないものなので、その１球の反省をあれこれと長く考えることはしません。打ち損じたとしても「もっとこの部分をこう使っていれば……」とその場にとどまることはなく、基本的には次の球にパッと切り替える。それを踏まえて相手はどういう攻め方をしてくるか。それに対してどうやってタイミングを取っていくか。そこにフォーカスします。打者には、１球の結果に浸っている時間はないのです。

なお、先ほど“修正”と言いましたが、バッティングフォームのことを考えるなど、自分の内側に矢印を向けているときはたいてい上手くいきません。逆に自分の外側、つまり「次は何か来るかな」「どこに来るかな」と相手のことを考えられているときは、その１球で何が良くなかったのかを瞬時に整理できて次のことへ切り替えられているので、上手くいきやすいですね。具体例を挙げると、たとえばファウルを打った後に肩口からバットを出す仕草をするなど打者が局所的な確認をしているシーンもよく目にしますが、そういうケースはなかなか厳しい。しかし、足も使って全身でタイミングを取って素振りをしているのであれば、相手に合わせながら打とうとしているので、チャンスはあると思います。

それも含めて、やはり打者は頭の切り替えが速いかどうかがすごく重要。逆にテンポの良い好投手というのはそれをさせてくれないので、頭の中が整理できていないうちに打席に立たされているケースが多いものです。そして構えやスイングの始動が遅れ、間合いの部分で受け身になってしまう。だからこそ、打席に入る前に相手のテンポなどもしっかりとイメージしておくことが大事です。

打席での考え方について、さらに話を進めましょう。

バッティングでは“選球眼”という言葉も重視されます。意味合いとしては「ボール球を見極めること」を指して使われることが多い印象ですが、忘れてはいけないのは「打てる球を選ぶこと」も“選球眼”だということ。前者だけで良いのであれば、そもそも最初から「待とう」と思って手を出さなければいいわけで、ただ、それだとストライクもすべて見逃すことになります。つまり大切なのは、基本的にすべてのボールを打ちに行った中で、ボール球を見逃せるかどうか。もっと言うと、ボール球でもそれがヒットになるのであれば、振ることは間違いではありません。選球眼が良い打者を外から見ていると、自分の打てる球、手を出す球を明確に決めて打席に臨めている印象があります。言い方を変えると、打てない球は最初から「打てない」と割り切っているので、無理には追いかけない。実際にストライクかボール球かは別として、自分にとって「甘いボール」「打てるボール」を待っているわけです。

僕はわりと三振も多く、決して四球が多いわけでもないので、選球眼が良いかと言われると何とも言えないところです。ただ、やは

り打てない球を「打てない」と割り切って臨むことはよくあります。たとえば「左対左」のケースでキレのあるスライダーを狙う場合、自分が描いているストライクゾーンの箱のイメージを投手から見て左上にズラして考えます。要は、外角いっぱいのストレートまで意識すると外角ボール球のスライダーまで追いかけることになってしまうので、ストライクゾーンの感覚を内角高め寄りにして、そもそも外角には反応しないようにするのです。これだと内角球や高めの球は逆にボール球まで振ることになりますが、実はストライクゾーンに入ってくるスライダーはいったん内角高めのボール球ゾーンに外れてから曲がってくるわけで、甘いスライダーに手を出しやすくなります。そしてもちろん、外角のストライクゾーンにストレートが来てしまった場合は仕方ない。そこは割り切っています。

あるいはフォークが良い投手に対して、低めにワンバウンドするフォークを振らないようにしたいのであれば、ストライクゾーンの箱を高めに設定します。そして、視界から消えていく低めの球はすべて見逃す。たとえストライクゾーンに来るストレートだろうと低めの球をすべて捨て、その代わり高めに浮いてきたものはややボール球でも全部打っていくわけです。逆に高めのストレートに手を出して空振りが多くなってしまっている場合は、ストライクゾーンの箱を低めに設定し、ワンバウンドのボール球を振っても構わないのでとにかく低めに目付けをします。いずれにしても、何か１つを拾うためには何か1つを捨てなければならない。すべての球をしっかり見極めることを求めていると、規制が多すぎてそもそもバッティングにならないので、どのゾーンへの強さを出していくためにどのゾーンを捨てるか、という取捨選択が重要になります。

左投手のスライダーを打つときのイメージ

ワンバウンドのフォークを見極めるときのイメージ

そう考えると、選球眼というよりも“選球”という表現のほうが良いかもしれません。投手がさまざまなスピードや軌道のボールを使い、奥行きや高低やコースといった引き出しを駆使してくる中で、こちらは何を選択して打てる球を探していくか。自分が打つべきコース、打つべき球種、打つべき球速帯を考えていくことが大事ですね。

ちなみに当たり前のことですが、２ストライクまで追い込まれたら投手側の選択肢が多くなり、打者はすべてに対応しなければならないので、ヒットを打てる確率は減っていきます。したがって、２ストライクになった場合は基本的に「バットに当てること」が重要。その中で、何とか粘ってボール球を見極められればなお良いというだけで、「しっかりとらえてヒットにしよう」などと考えることはできません。

つまり逆に言うと、まずはいかに若いカウントで投手と勝負できるか。そこが大切ですね。ここはもちろん投手の力量や相性、さらに自分のその日の状態などによって対応の仕方が変わるもので、先ほどのような取捨選択をして狙い球を絞ったり、もっと選択肢を狭めて「この球種だけ」「このコースだけ」と決め打ちをしたり。逆にストレートのタイミングで待っていても反応だけで打てるケースもあるので、その場合はオーソドックスな待ち方をしたり…。また当然ながら試合の状況も絡んでくるので、「ここは初球から振っても良いケース」「ここは様子を見ながら攻めなければならないケース」など、どういう場面なのかもしっかりと整理して臨んでいきます。

プロであればとにかく「1日1本打つこと」を目標に アマチュアの場合はいかに失敗を納得できるかが大事

シーズンを戦っていると当然、調子の波は生まれてくるものですが、浮き沈みをできるだけ少なく抑えられれば成績は安定していきます。そのためにはメンタル面もすごく重要です。

僕の考えですが、プロの世界でレギュラーとしてやっていくのであれば、どんな形でも「1日1本打つ」と考えることが大切だと思っています。たとえば前日に3安打していても、その日の試合の目標は「1本」ですし、前日がノーヒットでもやはり「1本」。「今の打席はダメだったから次に取り返そう」とか、逆に「今日は調子が良いから何本も打てそうだ」などと考えていると、終わったばかりの打席のことがすごく雑になってしまったりするのです。その積み重ねによってバッティングはどんどん崩れていくものなので、「この打席で1本打つ」という目標は常に変わらないほうが良いでしょう。「1本打てていればオッケー」というメンタルにしておくとハードルを上げすぎずに次の打席へ臨めるので、精神的にも安定します。ペナントレースが全143試合とすると、最終成績が143安打でも良いからとにかく毎日1本打つこと。そういう選手はチームとしても使いやすいと思います。

一方、アマチュア野球の場合は公式戦の試合数が少なく、また試合間隔も一定にならないため、調整が難しくなります。それも踏まえて考えると、試合の中である程度は失敗を許し、「“アウトのなり方”が良ければオッケー」と納得することが大事です。たとえば打者心理で言うと、会心のヒット性の当たりが上手く捕られたり、ま

たあと1歩でホームランという大きな外野フライが飛んだりと手応えがあったときほど、次の打席ではそれを再現しようとするもの。しかし、そもそも同じボールがまた来るとは限らないわけで、多くのケースでは「あの打席でもう少しこうしていれば」と終わったはずのプレーをまだ追いかけてしまっています。そうではなく、「前の打席は芯に近い位置で捉えてアプローチできたな」と納得して臨み、結果的にまた同じようなアウトになったとしても「自分の状態は悪くない」と判断すれば良い。そのほうが、次の打席にもスッキリとした気持ちで立てます。

さらに、ヒットというのは何も強烈なクリーンヒットだけではなく、ボテボテの内野安打や内外野の間に落ちるテキサスヒットもある。意外とそういうヒットが浮上のきっかけにもなるもので、そういうときに「これも野球だな」と思えるかどうか。基本的には「良い打球をどんどん打っていこう」というモチベーションの中で、「野球ってこういうものだよな」ということもパッと考えることができれば、メンタルコントロールとしては十分に安定感が出せると思います。

もちろん、どうしても良い打球のほうを追いかけたくなる気持ちは分かります。ただ、相手にファインプレーをされて「なんであそこに守っているんだ」「もうちょっと強く打てれば抜けたのになぁ」と考えるのは、前の打席の反省をしているようで実は後悔のほうが大きい。それよりは「あれだけ打っても良いところに守られたなら仕方ない。と言うことは逆に、違う方向だったらボテボテでもヒットになるんだろうな」と考えたほうが、ポジティブな発想で次に進めます。逆に「ラッキーな内野安打がこれだけ何度も続いたら、どこかで会心の当たりがアウトになるケースも出てくるだろうな」という考えも持っておくと、メンタルはさらに安定します。起こっている事象の中にはラッキーもあればアンラッキーもあって、意外とラッキーの部分は見落としがち。そこに目を向けられるかどうかというのは大事です。

ちなみに僕も広島に来てからは、田中広輔選手や菊池涼介選手などとよくそういう話をします。単純に「ドンマイ」とか「大丈夫」という励ましではなく、「アキさん、アレ捕られちゃいましたね。じゃあ次、ボテボテ（内野安打）が出ますね」などと言われることも多い。やはり経験を積んできた選手はみんな1年間を戦う中でメンタルを整える術を持っているんだな、と実感しています。

それと「切り替える」という意味では、自分の心がスッキリする方法を持っておくことも重要です。僕は「野球のことは野球で解決するしかない」と思っているタイプで、基本的にはその日の反省点などを踏まえて試合後も練習し、「やれることはしっかりやって次の日に備えよう」と考える。翌日がナイターだろうとデーゲームだろうと、その日のうちに納得できる形で終わっておかなければ気持ち悪いので、できるだけバットを持って自分と向き合います。これは一人の時間を作るという意味合いもあり、悩みながら練習するときには誰かのアドバイスを聞きながら取り組むよりも、やはり一人で自問自答することを重視しますね。と、僕なりのやり方を説明しましたが、たとえば趣味などの気分転換をして発散していく人もいますし、休んでその日のことを忘れるというのも１つの方法です。いずれにしても、自分の中でしっかりとスイッチを切り替えられるのはどういう手段なのか、把握しておくことがすごく大切ですね。

「ラッキーにも目を向けてポジティブに捉えれば、
メンタルコントロールとして十分に安定感が出せる。
試合後はバットを持って一人で自問自答。
やれることはしっかりやって次の日に備える」
Carp

CHAPTER. 6
技術を高める練習

「思い通りの軌道で振るためにも
バットコントロールをいかに養うか。
練習のポイントを理解して取り組めば
シーズン中の苦しいときに生きてくる」

理想のスイングをするために重要なことは「強く振る」と「しっかり操作する」のバランス

ここまでバッティングの話を進めてきましたが、紹介してきたものはあくまでも僕なりの考え方で、人によって「合う」「合わない」があります。もっと言えば、同じ人であっても年齢や段階によって求められるものは変わります。たとえば「理想のスイング」を掲げるとしても、日本やアメリカのトップレベルの選手が求める「理想」は、重力によってやや落ちてくるボールの軌道に合わせて「下から振り上げていくスイング」でしょう。ただ、これはバットをしっかり操作できる体力と技術があってこその話。野球を始めたての小学生などにも同じことを求めるわけにはいかず、子どもたちの場合はとにかく自分が一番バットを強く振れるときの感覚を養っていくことが大切です。そして重いものを操作するためには、あらかじめ高い位置に置いて上から下へ落とすのが最も簡単な方法。つまり最初の段階では、スムーズにボールを打つためにもバットを高い位置に構えて「上から叩くスイング」が「理想」になるのだと思います。

さらに細かく言うと、子どもでも幼児や小学校低学年の子がカラーバットでティーボールをやる場合は、みんな下から振るものです。カラーバットはすごく軽いので力が弱くても簡単に操作できますし、ティーボールは止まっているボールを打つ競技なので捕まえやすい。またヒットを打つことを考えたら最低限、内野手の頭を越えなければならないわけで、指導者が何も言わなくても自然とボールを持ち上げようとしてバットを下から出すようになるのです。

ただし、小学校高学年になってソフトボールや野球などに移行すると、話が変わってきます。今度は前から向かってきた重いボールを重いバットで打ち返さなければならないので、ティーボールのときと同じイメージで振ってもスイングスピードが間に合わず、遠回りもしてしまう。そうなるとやはり、バットを上から出すイメージのほうが振りやすいと言えます。

最近は「指導者が『上から振れ』と言うのは良くない」とされる風潮もありますが、僕は「上から振れ」というアドバイスが決して間違っているとは思いません。要は、選手のレベルに合わせて考えれば良いことであって、そもそもバットをしっかり操作できる人であれば、ティーボールを打つ子どものようにどんどん構えの位置が下がって自然とバットを下から振るようになってくると思います。逆に、バットをしっかり操作できない人に対して「下から振れ」と言うのもおかしい。そこを目指すのであれば体力や技術を高め、さらに軽いバットを使うなど、操作性を上げる工夫が必要です。ちなみにプロ選手のケースだと、出だしだけは上から振ってボールのラインに入れた後は下から振るわけですが、その中で振り出しの瞬間の微妙な違いに対して「これは上から振った感覚」「これは下から振った感覚」と表現します。つまり、スイング軌道そのものを指して「上から」「下から」と言っているわけではない、ということです。

そうやって考えると、打者にとっては自分が思ったところに思ったタイミングでバットを出せる能力――いわゆる“バットコントロール”が非常に大事です。そして実際、正確にとらえてヒットゾーンへ飛ばすことも、とにかく当ててファウルにすることも、「思い通りに操る」という意味では基本的に同じ技術だと考えています。

ただし、さらに「遠くへ飛ばす」という部分まで求めるのであれば、大きな出力も必要。ここが難しいところで、出力を上げるとバットコントロールはしにくくなり、空振りが増えます。事実、ホームラン打者というのは三振も多いものです。とは言え、大事なことは自分の中で「強く振ること」と「コンタクトすること」のバランスを考えて、いかに力加減を調節するか。このあたりはチームの中で自分が求められている役割によっても変わってきますが、たとえば2022年に三冠王に輝いた村上宗隆選手（ヤクルト）にしても、決して力任せに強く振っているというわけではありません。やはりボールを正確にとらえるバットコントロールがなければホームランは出ないですし、高い打率も残らない。選球眼や配球の読みなども関係するとは思いますが、自分なりの力加減でしっかりとバットを操作できているということはすごく重要です。

さまざまな種類の練習を引き出しとして常に備え
バットコントロールを磨いて対応力の幅を広げる

では、試合でしっかりバットコントロールをするためにはどうすれば良いのかと言うと、普段から対応力を磨いておくこと。グラウンドでの実戦練習やバッティング練習はもちろん大事ですが、それだけで対応力を身につけるというのはなかなか難しいので、個人練習の段階からいろいろな打ち方ができるように幅を広げておくことが大切です。

たとえば狭いスペースで行うティー打撃などでも、やろうと思えば何種類もの練習に発展させることができます。斜め前からトスをしてもらう一般的な形式やスタンドを使った置きティーだけで

なく、背中側からトスをしてもらったり、開脚をした状態で打ったり、連続ティーをしたり……。それぞれの意図を理解して取り組むことで「これだけ体勢を崩されても打てる」「ここまでポイントをズラされても打てる」といったバッティングの幅を作ることができます。また当然、100%のスイングでボールに100%の力を伝えて強く打つ練習も大事なので、ストレートのマシン打撃も必要。その一方で、対応力ということを考えれば変化球のマシン打撃、あるいはボールを正面から投げてもらったり、スローボールを打ったりすることも大切でしょう。１つの練習をずっと継続することも重要ではあるのですが、とにかく単調にこなしているだけだと、どうしても大きな変化に対応することはできません。だからこそ、さまざまな種類の練習を引き出しとして備えておくのが良いと思います。

ただし、ここで気を付けなければならないのは、何種類もやりすぎると今度は逆に感覚が分散してしまう可能性もあるということです。したがって、たとえば試合前のタイミングなどでは練習メニューを集約させたほうが良いでしょう。プロの世界でも試合前の練習を見ていると、「これを何本、これを何本…」とある程度はメニューを固定している選手が多いです。その上で、「この部分がちょっと崩れてきているからこのメニューも入れておこう」とプラスαをする感覚。その手段を選ぶ際、引き出しをたくさん持っていることが生きてきます。ちなみに僕の場合だと、調子が悪いときはウォーキングのティー打撃をよくやっています。傾向としては間合いが上手く取れていないケースが多いので、動きを止めてパーツごとに体の使い方を見直すというよりも、全身を使って大きく緩やかな動きの中でタイミングを取っていくことを意識していますね。また、体の使い方を見直したいときは置きティーでの片手打ちをしたり、あるいは目を瞑ってゆっくりと素振りをしたり。一般的には鏡を見て素振りをしながら自分の動きを確認するという人も多いですが、僕はそれをすると頭の中のイメージと「外から見た自分」を何となく照らし合わせ、体が勝手に見た目の形だけを修正してしまいます。しかし、実際は体のバランス自体も崩れているのであって、目を瞑れば「今は手がこう動いている」「脚の位置はこうなっている」などとバランスを感じ取りやすいのです。さらに目を瞑ったまま片脚で立つという動作が難しい分、体重のかけ方に対しても敏感になれます。五感の中でも特に大きなウエイトを占める「視覚」を遮断することで、他の感覚を研ぎ澄ませることができるわけです。

と、これはシーズン中の話であって、時期によってはもちろん練習の種類も量も変わっていきます。ただその中でも、僕が年間を通して基本に置いている練習があります。大まかな流れで言うと、次のようなメニューです。

<個人練習の基本メニュー>

★片手打ち（置きティー）

★ウォーキング（置きティー／トス）

★連続ティー

★拾い

★縦打ち

★クローズ

★オープン

★通常ティー

基本的にはさまざまな種類の打ち方を練習していき、最後に通常のティー打撃を行って体のバランスを整えるということを大切にしています。そして、自分の中で感覚をしっかりと確認したら、そこからロングティーやマシン打撃などで打ち込んでいく。そういう順番になりますね。

なお、もちろん「素振り」も大切で、どんな状況でもバット1本さえあればできるので、継続性もあって良い練習だと思います。ただ実戦につなげることを考えた場合、「ボールを打つ」という練習ができることに越したことはありません。ティー打撃であればまずはボールを打つ量を確保できますし、その中で目的を細分化することにより、さまざまな体の動きを身につけることもできます。したがって、基本的にはボールを打つことで自分のバッティングを作り上げ、素振りでは自由にイメージをふくらませながら、とにかく強く振っていく。僕の中ではそういう使い分けをしています。

そしていずれにしても、それぞれの練習に対して「今はこの要素を身につけるためにやっているんだ」と、ポイントを理解して取り組むことはやはり必須。普段からそういう習慣をつけておくと、シーズン中に苦しくなったときに生きてきますね。特に「連続ティー」や「拾い」などは体力的にも苦しいものですが、それでも頑張って続けているとふとしたタイミングで何かの感覚を思い出し、ヒントを得られることがよくあります。

バッティングの技術練習❶
「片手打ち(置きティー)」

右手(引き手)で打つ

左手(送り手)で打つ

ティースタンドにボールを置き、バットを片手で握ってネットへ向かって打っていく。右手で打つ際は、バットをボールの内側に入れながらも前へしっかり引っ張っていく。左手で打つ際は、ヒジを体の前にしっかり入れながらバットを走らせてボールをとらえる。置きティー形式であれば自分のペースで打つことができるため、しっかりと手やバットの通り道などを確認できる。またボールの位置が常に変わらないので、動きの再現性を高めるという意味でも効率が良い。

バッティングの技術練習❷
「ウォーキング(置きティー/トス)」

ウォーキング(置きティー)

ボールに向かって歩いていきながら後ろ脚に体重を乗せ、前に出ていくタイミングでスパーンと振り抜いて打つ。これによって「引く→行く」というリズムを作り、動きながらゆっくり間合いを取って打つ感覚を養っていく。また、前脚をステップしていくタイミングでは自然と手が後ろへ引かれていくため、何も意識せずにバットからボールまでの距離が十分に取られて"トップ"を作ることもできる。自分の形をしっかり固めるという意味では、ボールの位置が変わらずまったく同じように打てる置きティーが有効。一方、タイミングを合わせながら微妙な変化への対応力もつけるという意味では、ボールをトスしてもらうのが有効だ。

ウォーキング(トス)

バッティングの技術練習❸
「連続ティー」

両脚を固定し、左斜め前からトスしてもらったボールをテンポよく5球連続で打っていく。フィニッシュ後はすぐバットを戻すのだが、小手先だけで操作するのは意味がなく、体を使ってしっかりと引くこと。軸脚と踏み込み脚の体重移動を意識しながら「振る（行く）」「戻す（引く）」をすばやく繰り返していけば、自然とトップを通過してムダのないスイングをするようになる。10球や20球などと1回の球数を多めに設定する場合は下半身強化の意味合いが強くなるため、普段は5球を目安にして体のキレを重視。これを10～20セットほど行い、スイングを体に染み込ませていく。

バッティングの技術練習❹
「拾い」

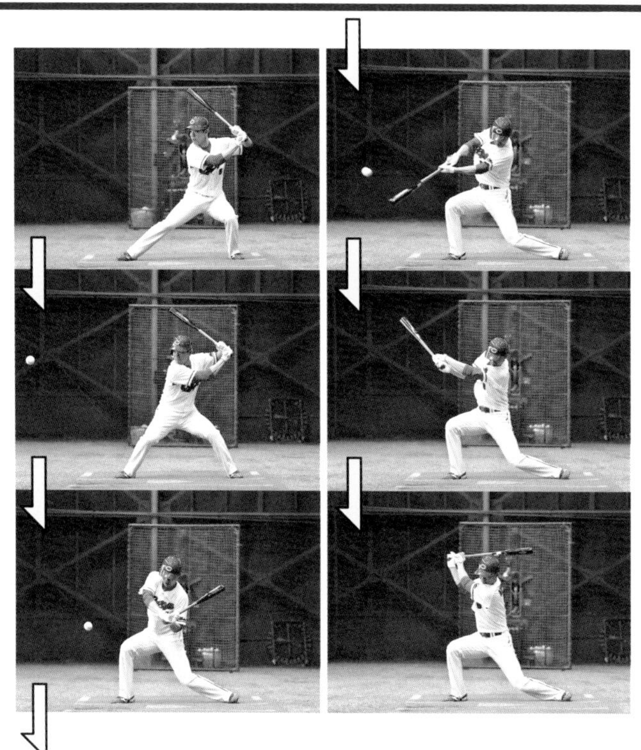

両脚のスタンスを大きく広げて重心を落とした状態で構え、左斜め前からトスしてもらったボールに対して、軸脚から踏み込み脚（左から右）へと大きく体重移動をしながら打っていく。トスは通常よりも低めで前のほうに落としてもらうこと。腰やヒザのラインを変えずに平行移動をするイメージで、下半身で粘りながら壁を作って打つことが大切だ。目的はスイング時に目線がブレないようにすることと、タイミングを外されたときにボールを上手く拾ってヒットゾーンへ運ぶバットコントロールを養うこと。これも連続ティーと同様にしっかりと本数をこなすため、体には負担がかかる。ただ、苦しくなるとどうしても上体が前に行って手が上から出てしまうところだが、そこでいかに我慢して平行移動しながら、手をボールのラインに真っすぐ入れられるか。スタンスを広くしている分、体の回転の影響をあまり受けないので、ヘッドを打球方向へ抜いていくイメージは作りやすい。

バッティングの技術練習❺
「縦打ち」

安全面には十分に配慮しながら、ネット越しに正面から右ヒザを目掛けてボールを真っすぐトスしてもらう。それを右方向へ強く引っ張るのではなく、ヒザとボールの隙間にバットを入れて投げ手の頭上へと返していく。窮屈になるはずの内角低めでもバットをボールの内側に入れることで、インサイドアウトのスイングを身につけていく練習だ。ポイントとしては、体の面がネットのほうへ向くとバットが横から出て遠回りしてしまうので、なるべく体の面を横向きにしたまま我慢すること。手だけが前に出ていき、打った後に右目の端から打球が抜けていくイメージが良い。スイング軌道は“外向けの三日月”で、体の右下からボールの内側を縦に切って左上へと持っていく感覚。目的はインサイドアウトを徹底することなので、結果的にこすった打球になっても構わない。なお、この練習はしっかりと顔が残るため、体の開きを抑えられるという効果もある。

バッティングの技術練習❻

「クローズ」

通常とは逆に右斜め方向(一塁方向)からトスしてもらい、ボールの内側(右側)をしっかりとらえてネットの方向へ打ち返していく。これもインサイドアウトのスイングを身につけるための練習だ。感覚としては左投手に対してクローズドスタンスで構えていて、背中側から来たボールを逆方向へ打つようなイメージ。バットを内側から出すことをより強く意識しなければ打球が投げ手に当たってしまう可能性もあるため、緊張感の中で集中力を研ぎ澄ませて行う必要がある。

バッティングの技術練習❼

「オープン」

通常のティー打撃ではネットへ向かって真っすぐ構えるが、ここでは両脚の幅を広げて右脚を 45 度くらい開き、オープンスタンスで構える。そして、左斜め前からトスしてもらったボールをネットへ向かって打ち返していく。トスは左腰に向かって強めに投げてもらう。そうすることでヒッティングポイントの面が左足の前になり、ボールを後ろに引きつけて打つ感覚を養うことができる。打つときはバットを振り出す位置からボールまでの距離をしっかり作ることと、左ヒザがしっかり打球方向へ向くようにすることが大事。また、下から振り上げようとすると滑りやすくなるので、スイング軌道としてはやや上からボールを潰すイメージ。言ってみれば、外角高めに対してパッと反応だけでバットを出しながらも、腰が自然と鋭く回っているからキレが出る。そういう感覚だ。なお、引っ掛けた打球にはならないように、打球方向はネットの真ん中よりも左上のゾーンを意識する。

バッティングの技術練習❽
「通常ティー」

さまざまなメニューを行った後は、必ず通常のティー打撃で体のバランスを整えていく。左斜め前からトスしてもらったボールをネットへ向かって打ち返すのだが、打球方向としては、基本的にネットを上下左右で4分割した中で左上のゾーンを目掛けていく。と言うのも、左側から来たボールを真ん中から右側へ飛ばしていくのはいわゆる“引っ掛け”であり、またバットに当たったところから打球が下に向かっていくのであれば、イメージの話ではなく実際にバットを上から出して叩きつけていることになってしまう。つまり、打球が右半分や下半分に飛んでいるうちは、スムーズな体の使い方ができていないということ。逆にインパクトから左上に打球が向かっていくのであれば、できるだけボールが来た方向へ素直に打ち返せていると言える。なお、バットコントロールは打ち方の問題だけでなく、タイミングの合わせ方やズラされたときの身のこなしも大きく関わってくるため、練習のアレンジとして“緩急”をつけて行うことも大事。「通常のトス（ストレート）」と「山なりのトス（チェンジアップ）」をランダムで打つだけでも、実戦に近いイメージで反応を磨く練習になる。

僕はどちらかと言うと技術の要点をつかむのが遅いタイプなので、やはり練習量をしっかり積み重ねることが必要です。本来はもっと要領よくできれば良いのでしょうが、逆に言うと時間をかけている分、何かをつかんだときにはしっかり浸透しているというメリットもあります。また、飽きずに取り組んできたので体力には自信がありますし、我慢して継続する力も持ち味なのかなと思います。

ただ一方で、１つのことに時間をかけるからこそ、新しいものに取り組むときには常に葛藤があるのも事実です。特に打撃フォームの変更時は顕著で、「この部分がこうなっているからダメなんだ」と理解はしていながらも、修正することによるメリットとデメリットが同時にポンポンと頭の中に浮かんでくるのです。もちろん外的要因――たとえば監督やコーチ、チームメイトから何かを言われたのであれば「あれ？　周りにはそう見えているのか……」と思ってすぐに受け入れられます。でも自分発信の場合は、今すぐに結果を出したいのか、それとも長期的に成績を安定させたいのかによって、どちらを選択するかも変わってくる。「これをやったら今度はこっちが崩れるんだよなぁ」「でも今の自分の状況だと、とりあえずやってみないと前に進めないよなぁ」「トータルで考えたらどっちが良い成績になるかなぁ」……。大体そうやってもがいていますね。

しかしながら、やはり何も考えずに試合へ向かっていくというのは意味がない。日々悩みながらも常に自分としっかり向き合っていくからこそ、技術が少しずつ磨かれていくのだと思っています。この本が出来上がった2024年現在も、僕はまた新たな取り組みにチャレンジしています。さらに技術を更新できるように、今後もずっと追求を続けていく。その想いは変わらないですね。

AKIYAMA
9

▶節目の記録

【NPB】

□初出場・初先発出場　2011年4月12日、対北海道日本ハム（札幌ドーム）、九番・右翼手で先発出場
□初打席　同上、3回表にダルビッシュ有から死球
□初安打・初打点　2011年4月13日、対北海道日本ハム（札幌ドーム）、2回表にブライアン・ウルフから中前適時打
□初盗塁　2011年4月20日、対千葉ロッテ（QVCマリンフィールド）、3回表に二盗
□初本塁打　2011年9月8日、対千葉ロッテ（西武ドーム）、4回裏に小林敦から右越2ラン
□1000安打　2017年8月31日、対東北楽天（Koboパーク宮城）、1回表に安樂智大から右前二塁打 ※史上289人目
□1000試合出場　2018年7月17日、対福岡ソフトバンク（福岡 ヤフオク!ドーム）、1番・中堅手で先発出場 ※史上493人目
□100本塁打　2019年5月2日、対北海道日本ハム（メットライフドーム）、7回裏に西村天裕から右越ソロ ※史上289人目
□1500安打　2023年5月16日、対横浜DeNA（横浜スタジアム）、4回表に上茶谷大河から二塁内野安打 ※史上133人目

【MLB】

□初出場　2020年7月24日、対タイガース（グレート・アメリカン・ボール・パーク）、6回裏に代打で出場
□初安打・初打点　同上、6回裏にホセ・シスネロから中前適時打
□初先発出場　2020年7月25日、対タイガース（グレート・アメリカン・ボール・パーク）、六番・左翼手で先発出場
□初盗塁　2020年7月26日、対タイガース（グレート・アメリカン・ボール・パーク）、2回裏に二盗

【NPB/MLB通算】

□1500安打　2022年8月7日、対阪神（MAZDA Zoom-Zoom スタジアム広島）、7回裏に岩貞祐太から右中間二塁打

▶その他の記録

・31試合連続安打：2015年6月3日 - 7月14日 ※左打者歴代1位
・シーズン200安打：2015年 ※史上6人目、シーズン131試合目での達成はイチローに次ぐ歴代2位の早さ
・シーズン216安打：2015年 ※史上最多
・シーズン猛打賞：27回（2015年） ※史上最多タイ記録（他は西岡剛）
・739試合連続フルイニング出場：2014年9月6日 - 2019年9月26日 ※パ・リーグ記録、NPB歴代2位
・オールスターゲーム出場：6回（2015年 - 2019年、2023年）

■秋山翔吾の年度別打撃成績（2024年3月28日現在）

年度	所属	試合	打席	打数	得点	安打	二塁打	三塁打	本塁打	打点	盗塁	四死球	三振	打率	出塁率	長打率
2011	西武	110	313	284	35	66	9	6	1	21	8	21	63	.232	.285	.317
2012		107	450	403	50	118	17	8	4	37	10	31	70	.293	.343	.404
2013		144	634	564	89	152	25	7	13	58	13	56	89	.270	.334	.408
2014		131	561	475	64	123	24	6	4	47	3	73	98	.259	.356	.360
2015		143	675	602	108	216	36	10	14	55	17	64	78	.359	.419	.522
2016		143	671	578	98	171	32	4	11	62	18	87	103	.296	.385	.422
2017		143	659	575	106	185	38	5	25	89	16	77	97	.322	.398	.536
2018		143	685	603	107	195	39	8	24	82	15	81	96	.323	.403	.534
2019		143	678	590	112	179	31	4	20	62	12	87	108	.303	.392	.471
2020	CIN	54	183	155	16	38	6	1	0	9	7	27	34	.245	.357	.297
2021		88	183	162	16	33	8	0	0	12	2	18	40	.204	.282	.253
2022	広島	44	174	155	19	41	6	1	5	26	0	17	34	.265	.333	.413
2023		115	483	434	48	119	20	6	4	38	8	39	81	.274	.333	.376
NPB通算11年		1366	5983	5263	836	1565	277	65	125	577	120	633	927	.297	.371	.446
MLB通算2年		142	366	317	32	71	14	1	0	21	9	45	74	.224	.320	.274

※赤字はリーグトップ、アミガケは NPB 歴代最高

▶タイトル

【NPB】

首位打者：1回（2017年）
最多安打：4回（2015年、2017年- 2019年）

▶表彰

【NPB】

ベストナイン：4回（外野手部門：2015年、2017年-2019年）
ゴールデングラブ賞：6回（外野手部門：2013年、2015年-2019年）
月間MVP：4回（野手部門：2015年3・4月、
2015年6月、2017年7月、2019年5月）
オールスターゲーム敢闘選手賞：2回（2017年第1戦・第2戦）
コミッショナー特別表彰：1回（特別賞：2015年）

秋山翔吾

あきやま・しょうご●1988年4月16日生まれ。神奈川県出身。184㎝86㎏。右投左打。横須賀市立大津小学校時代はソフトボールをプレー。途中、湘南武山フェニックスに所属。同大津中学校では陸上部と掛け持ちし、横浜金沢シニアでプレーした。横浜創学館高校では1年からレギュラーで3年夏は県ベスト8。八戸大学へ進学し1年春からレギュラーとして活躍。ベストナイン4度(1年春・秋、3年秋、4年春)、4年春は優秀選手賞、首位打者、打点王のタイトルも獲得。4年秋は盗塁王にも輝いている。2011年ドラフト3位で西武に入団。プロ3年目に全試合出場を果たし、15年にはNPB記録を更新するシーズン最多216安打をマークした。17年には自身初の首位打者と2度目の最多安打。最多安打はその後、19年まで3年連続獲得。15年からはリーグ初となる5年連続フルイニング出場も果たしている。19年オフに海外FA権を行使しレッズへ移籍。レッズ、パドレス傘下でプレーし、22年6月に広島へ復帰。卓越したバッティング技術でチームをけん引し続けている。

秋山翔吾(あきやましょうご)の
バッティングバイブル

2024年4月30日　第1版第1刷発行

著者　秋山翔吾(あきやましょうご)
発行人　池田哲雄
発行所　株式会社ベースボール・マガジン社

〒103-8482
東京都中央区日本橋浜町2-61-9　TIE浜町ビル
電話　03-5643-3930（販売部）
　　　03-5643-3885（出版部）
振替口座　00180-6-46620
https://www.bbm-japan.com/

印刷・製本　大日本印刷株式会社

Printed in Japan
ISBN 978-4-583-11672-3　C2075